国語　文の特訓シリーズ

指示語の特訓　上

M・access（エム・アクセス）

もくじ

「指示語の特訓」について ───── 3

指導のポイント ───── 3

記述方法のポイント ───── 5

一、記号で答える ───── 11

二、書きぬき ① ───── 31

三、書きぬき ② ───── 47

(四、書きぬき ③ ───── 下巻)

(五、自分でまとめる ───── 下巻)

(六、総合問題 ───── 下巻)

「指示語の練習」について

☆ このテキストは、国語の読解の基礎の一つである指示語の問題を集中して練習する問題集です。

☆ くりかえし練習できるように、同じレベル・同じ単元・同じ傾向の問題を数題ずつ出題しました。

☆ テキストは、上巻・下巻の二冊に分かれています。

☆ 単元は、
① ア イ ウ…など選択肢の中から選んで記号で答える問題
② 文中の言葉を書き抜いて答える問題
③ 文中より書き抜いた言葉を組み合わせて答える問題
④ 文中の広い範囲を答える問題
⑤ 自分でまとめて答える問題

の大きく五つに分け、無理なく学習が進むように工夫されています。また、最後に総合問題として、実践的な問題を作りました。

☆ それぞれの単元の中でも、指示語の種類や難易度を考えて問題を構成してありますので、途中をとばさないで、前から順番に解いていくことをお勧めします。

指導のポイント

①、正解・不正解を正しく見極めることができれば、生徒本人が○つけをしてもかまいません（もし、正確に○つけができないようであれば、保護者の方が答え合わせをなさって下さい）。ただし、「まちがいなおし」として正答を見ながら解答欄に書き写すことは意味のないことです。どうしても分からない場合は正答を見ても構いませんが、それを解答欄には写さず、後日もう一度考えることをお勧めします。

②、（保護者の方が○つけする場合、できるだけ早く○つけをして下さい。フィードバックは早ければ早いほど、学んだことが良く定着します。また本人のやる気にもつながります。）

③ どうしてもわからなければ、
　a．適切なヒントをあたえる。
　b．分らない問題はとばして、次の問題をやる。あるいは違う単元をやる。分らなかった問題は後日もう一度チャレンジする。

> 生徒に「なぜそうなるのか」という質問をされた場合、納得のいく説明をすることは、「数学（算数）」に比べてはるかに難しい作業だと思います。しかし、説明が難しいからといって「国語」が「数学（算数）」にくらべて論理的でないかというと、決してそんなことはありません。
> 　特に文法的な事項については、説明することがいかに難しかろうと、きちんとした論理に基づいているわけですから、非常に論理的だと言うことができます。ですから「国語はファジーだから」とにかく「ここはこうなるんだ」と覚えておきなさい」とか「良く読めば分かるはずだ」などというような説明の仕方は不適切だといえるでしょう。
> 　生徒が納得いかない場合は、本当に「国語」の良く分かっている優秀な指導者（学校の先生や塾の先生で、経験の深い国語専門の方）に尋ねられた方が良いでしょう。

④ まちがった問題は、日をあけてもう一度やりましょう。特に記号で答える問題は「ヤマカン」でも正答になることがあるので、改めてやり直して下さい。

記述方法のポイント

☆「書きぬき」問題のポイント

①そのまま書く。

設問に
「…ぬき書きしなさい」
「…文中よりぬき書きして答えなさい」
「…そのまま書きなさい」
「…文章中の言葉をあてはめて答えなさい」
「…文章中よりさがしなさい」

などと書かれている場合は、文章中のことばを、一字一句、形を変えずにそのまま答えなくてはなりません。文中に使われているのが漢字であれば漢字、ひらがなであればひらがな、カタカナであればカタカナをそのまま使います。「、」「。」その他かぎかっこや記号も文中のまま使います（ぬき書きする部分の最後に「、」「。」がある場合は、字数によって書かない場合もあります）。自分でそのことばの形を変えることはできません。

②できるだけ――線部にあてはまるように答える。

例1．「この花」のさしている内容を文中よりぬき書きして答えなさい。
　　　私の学校には桜の花がたくさん咲いています。この花は昔から日本人がもっとも愛した花の一つです。

この場合、――線部「この花」の部分に当てはめて文がうまく通じるのは「桜の花」ですね。

　　　　桜の花
…**この花**は昔から日本人がもっとも愛した花の一つです。

例2．――線部のさしている内容を文中よりぬき書きなさい。
　　　私は秋のぬけるような青空が好きです。そんな天気の日には、

一日中外で遊んでいたい気分になります。

この場合、──線部「そんな」の部分に当てはめて、うまく文が通じる言葉はあるでしょうか。

a′ …秋の 　　　　天気の日には
b′ …ぬけるような 天気の日には
c′ …青空 　　　　天気の日には

「b」は一見うまく当てはまっているように見えますが、「ぬけるような」は「青空」という言葉をくわしく説明している語なので、これは正しくありません。

例2の──線部「そんな」をもう少し広いはんいでとらえてみましょう。「そんな天気の日」とはどんな日でしょうか。「秋のぬけるような青空」の日だと考えられます。したがってここでは──線部にうまく当てはまらないけれども、「秋のぬけるような青空」（あるいは「ぬけるような青空」）というのが、もっとも良い答になります。

☆ 「まとめる」問題のポイント

① ──線部に合うようにまとめる。
設問に
　「…何をしていますか。」
とだけあって、「抜き書き」の指示がない場合や、
　「…自分でまとめなさい。」
　「…文中の言葉を使って答えなさい。」
　「…文章中のことばを使って答えなさい」
　「…まとめて答えなさい」

「『……』につながるように答えなさい」

とある場合は、――線部に合うように自分でまとめなければなりません。

これらの問題は、文章中の一部をぬきだした上で

① 「は」「が」「を」「に」などの助詞を解答に合うように書き替える
② 「ことばの最後をうまく問題に合うように直す」

ことでうまく正解になることが多いようです。

また、まとめる問題は、ぬき書きしただけでは良い答えにならないので、自分で多少書きかえて、まとめる必要があるということを教えてくれている問題なのだと考えましょう。

例３、「それ」のさしている内容を自分でまとめて答えなさい。

　　「１組は本当に良くがんばりました。」と先生はほめてくださいましたが、私も<u>それ</u>は本当だと思いました。

「１組は本当に良くがんばりました」を『それ』の部分にあてはめると、

　　…私も１組は本当に良くがんばりましたは本当だと思いました。

となり、うまく文が通じません。ですから、うまく文が通じるように自分で工夫をしないといけません。

　　…私も１組が本当に良くがんば<u>ったこと</u>は本当だと思いました。

とすると、うまく文が通じます。したがって正解は

　　１組が本当に良くがんばったこと

となります。

例４、「<u>そのこと</u>」の指している内容を、文中のことばを使って24字までまとめなさい。

　　私は台所の洗剤をかってに持ち出して遊んでいました。<u>そのこと</u>がお母さんをおこらせたのです。

正答　私が台所の洗剤をかってに持ち出して遊んでいたこと

②できるだけ文中の言葉を使って答える。
　指示語というものは、必ず指し示す内容が文中にあるのですから、できるだけ文中の言葉を使って答えるようにします。

☆字数制限のある時のポイント

　「××字で答えなさい」という場合はちょうどその字数で答えなくてはなりません。一字多くても少なくても不正解になります。

　「××字以内で答えなさい」という場合は、その字数の7割ていど以上～制限字数ちょうど以内ならば正解です。制限字数を1字でもこえると不正解になります。字数が少ない場合、字数の5割・6割くらいであれば部分点がもらえる可能性があります。しかし、指定された字数というのは、正解の字数から逆算されて指定されているわけですから、半分ていど以下の字数であれば、その答は不正解である可能性が高いと考えられます。
　　字数のめやす「5字以内」→「3字から5字」
　　　　　　　　「10字以内」→「7字ていどから10字」
　　　　　　　　「15字以内」→「10字ていどから15字」
　　　　　　　　「20字以内」→「15字ていどから20字」
　　　　　　　　「50字以内」→「40字ていどから50字」

　「××字ていどで答えなさい」という場合はその指定された字数の2割少なくていどから2割多いていどで答えます。
　　字数のめやす「5字ていど」→「4字から6字ていど」
　　　　　　　　「10字ていど」→「8字から12字ていど」
　　　　　　　　「15字ていど」→「12字から18字ていど」
　　　　　　　　「20字ていど」→「16字から24字ていど」
　　　　　　　　「50字ていど」→「40字から60字ていど」

字数制限がある場合、たとえば「5字で答えなさい」という設問のときに、「問題に5字と書いてあるから…」とばかり、問題文の前から順に「5字」のことばをさがす人がいますが、これはもっとも効率の悪く、国語の力がつかない方法です。国語の力をつけるためには、たとえ設問が「5字」であろうと「10字」であろうと、まず**字数にこだわらずに**その設問に対して適当な答を**「自分のことば」で考える**ことが重要です。そしてその考えた答にもっとも関連している段落や部分を良く読み、そして指定された字数のことばを見つけます。これは国語力をつけるためだけではなく、結局もっとも効率の良い方法です。

　解答に句読点を含むか含まないかについて、設問が「××字」の場合は句読点をふくんで、「××文字」の時は句読点をふくまない、などということもいわれていますが、実際の入試のときには、句読点をふくむかふくまないかはっきり明示してあることが多く、あるいは、句読点をふくむかふくまないかが示してない場合は、句読点について気にしなくても良い問題であるか、（設問の内容や字数制限から）明らかに分かる問題です。ですから、句読点についてはあまり神経質になる必要はないでしょう。

☆字数制限がない時のポイント

　字数制限がない場合、いくつもの答えが考えられることがあります。書きぬきの問題を例に考えてみましょう。

　例4、次のぼう線部が指している部分を文章中より書きぬいて答えなさい。
　　　遠くから、かすかではあるが、明るく楽しげな歌声が聞こえてきた。それは、悲しみにしずんでいた私たちの心を、少し晴れやかなものにした。

　この場合4つの解答が考えられます。
　解答例1、かすかではあるが明るく楽しげな歌声
　解答例2、明るく楽しげな歌声
　解答例3、楽しげな歌声
　解答例4、歌声

文の構成上『明るく』と『楽しげな』は同等の関係（並立）なので、二つを切り離して答える『解答例3』は良くない解答です。
　解答例4の『歌声』は、おそらく〇（正解）ではなく△（やや正解）になるでしょう。なぜなら、本文を読んでみると

　　…悲しみにしずんでいた私たちの心を、少し晴れやかなものにした。

とありますので、『悲しみ』を解消するという内容がはいっていないと良くありません。したがって『歌声』だけでは答には足らないといえるでしょう。
　逆に解答例1の『かすかではあるが明るく楽しげな歌声』は、『かすかではあるが』という部分が『悲しみ』を解消するという意味を表してはいないので不要といえるでしょう。（しかし、おそらく〇はもらえるでしょう。）
　したがって、もっとも良い正解は、解答例2の『明るく楽しげな歌声』となります。

一、記号で答える

問題　次のぼう線部の指し示している言葉を、ア〜コから選んで記号で答えなさい。

例、私は三十六色の色えんぴつをもっています。これは私の大切な宝物です。
　ア、私
　イ、三十六色
　ウ、色えんぴつ
　エ、もっていること
　オ、宝物

　　　　ウ

1、ぼくは毎日、自転車に乗っています。それはきょ年のたん生日に、お父さんに買ってもらったものです。
　ア、ぼく　　　　　　　　　　　カ、お父さん
　イ、毎日
　ウ、自転車
　エ、きょ年
　オ、たん生日

2、妹は、にんじんがきらいです。でもそれは体にいい食べ物です。
　ア、妹
　イ、にんじん
　ウ、きらいなこと
　エ、体
　オ、食べ物

3、お父さんはゴルフが好きです。それをするために、毎週日曜日には、朝早くから出かけます。
　ア、お父さん　　　　　　　　　カ、朝早く
　イ、ゴルフ　　　　　　　　　　キ、出かけること
　ウ、好きなこと
　エ、毎週
　オ、日曜日

4、私はワープロがほしいのですが、それは高くてなかなか買えません。
　ア、私　　　　　　　　　　　　カ、買えないこと
　イ、ワープロ
　ウ、ほしいこと
　エ、高いこと
　オ、なかなか

5、お母さんは毎日買い物に出かけます。それを毎日続けるのは大変なことだと思いました。
　ア、お母さん
　イ、毎日
　ウ、買い物

1、記号で答える 解答

問題 次の傍線部の指し示している言葉を、ア～コから選んで記号で答えなさい。

例、私は三十六色の色えんぴつをもっています。これは私の大切な宝物です。
　ア、私
　イ、三十六色
　ウ、色えんぴつ
　エ、もっていること
　オ、宝物

答：ウ

1、ぼくは毎日、自転車に乗っています。それはきょ年のたん生日に、お父さんに買ってもらったものです。
　ア、ぼく　　　　　　　　カ、お父さん
　イ、毎日
　ウ、自転車
　エ、きょ年
　オ、たん生日

答：ウ

2、妹は にんじんがきらいです。でもそれは体にいい食べ物です。
　ア、妹
　イ、にんじん
　ウ、きらいなこと
　エ、体
　オ、食べ物

答：イ

3、お父さんはゴルフが好きです。それをするために、毎週日曜日には、朝早くから出かけます。
　ア、お父さん　　　　　　カ、朝早く
　イ、ゴルフ　　　　　　　キ、出かけること
　ウ、好きなこと
　エ、毎週
　オ、日曜日

答：イ

4、私はワープロがほしいのですが、それは高くてなかなか買えません。
　ア、私　　　　　　　　　カ、買えないこと
　イ、ワープロ
　ウ、ほしいこと
　エ、高いこと
　オ、なかなか

答：イ

5、お母さんは毎日買い物に出かけます。それを毎日続けるのは大変なことだと思いました。
　ア、お母さん
　イ、毎日
　ウ、買い物

答：ウ

一、記号で答える

6、おにいちゃんは、ついに時計を買ってもらいました。それはデジタルの最新式の時計でした。
　ア、おにいちゃん
　イ、買ってもらったこと
　ウ、デジタル
　エ、最新式の時計

7、ぼくが今使っているこの机には、引き出しがたくさんついています。なぜなら、それはお父さんがぼくのために特別に作ってくれた机だからです。
　ア、引き出し
　イ、お父さん
　ウ、今ぼくが使っている机
　エ、特別に作ってくれたこと

8、奥の部屋のいちばん大きい柱に、かけ時計がかかっているのが見えるでしょう。あれはもうこわれていて動かないのです。
　ア、奥の部屋
　イ、大きい柱
　ウ、古いこと
　エ、かけ時計
　オ、こわれていること
　カ、動かないこと

9、海の向こうに沈もうとしている夕日を指さして、おかあさんは「あれはなんて美しいんでしょう。」と言った。
　ア、海
　イ、向こう
　ウ、沈むこと
　エ、夕日
　オ、おかあさん
　カ、「美しい」と言ったこと
　キ、「美しい」

10、ふえやヨーヨー、ミニカーなど、いろいろなおもちゃを見せてやりましたが、弟は大きな熊のぬいぐるみしかほしがりませんでした。「これがいい。」と言って。
　ア、ふえ
　イ、ヨーヨー
　ウ、ミニカー
　エ、けんだま
　オ、いろいろなおもちゃ
　カ、弟
　キ、大きな熊のぬいぐるみ

11、祖母は指輪を見せながら、「これは、亡くなったあなたのおばあさんが一番大切にしていたものを、お母さんがもらったものなのよ。」と私に教えてくれました。
　ア、指輪
　イ、おばあさん
　ウ、一番大切にしていたもの
　エ、お母さんがもらったもの

M・access　（13）

一、記号で答える　解答

6、おにいちゃんはもうで時計を買ってもらいました。**それ**はデジタルの最新式の時計でした。
　ア、おにいちゃん
　イ、もうで時計
　ウ、買ってもらったこと
　エ、デジタル
　オ、最新式

　　　イ

7、ぼくが今使っている机には、引き出しがたくさんついています。なぜなら**それ**はお父さんがぼくのために特別に作ってくれた机だからです。
　ア、ぼく
　イ、今
　ウ、引き出し
　エ、お父さん
　オ、机
　カ、特別に作ってくれたこと

　　　ウ

8、奥の部屋のいちばん太い柱の上に、かけ時計がかかっているのが見える。でももう古いので、**それ**はもう動かないのです。
　ア、奥の部屋
　イ、太い柱
　ウ、かけ時計
　エ、古いこと
　オ、こわれていること
　カ、動かないこと

　　　ウ

9、海の向こうに沈もうとしている夕日を指さして、おかあさんは「**あれ**を見てごらん。なんて美しいんでしょう。」といった。
　ア、海
　イ、海の向こう
　ウ、沈むこと
　エ、夕日
　オ、指さしたこと
　カ、おかあさん
　キ、美しい
　ク、「美しい」ということ

　　　エ

10、ゆうえんちのショーウィンドーで、ミニカー、けんだまと、いろいろなおもちゃを見せてもらいましたが、弟は大きな熊のぬいぐるみをつかんだまま「**これ**がいい。」といってはなしませんでした。
　ア、ゆうえんち
　イ、ショーウィンドー
　ウ、ミニカー
　エ、けんだま
　オ、いろいろなおもちゃ
　カ、弟
　キ、大きな熊のぬいぐるみ

　　　キ

11、祖母は指輪を見せながら、「**これ**は、亡くなったあなたのおばあさんが一番大切にしていたものを、お母さんがもらったものなのよ。」と私に教えてくれました。
　ア、指輪
　イ、おばあさん
　ウ、一番大切にしていたもの
　エ、お母さんがもらったもの

　　　ア

一、記号で答える

12、ぼくは放課後、近くの公園で遊んでいました。ジャングルジムのいちばん上で、ぼくは「ここがいちばんいい場所だ。」と思いました。
　ア　ぼく
　イ　放課後
　ウ　近くの公園
　エ　ジャングルジム
　オ　いちばんいい場所

13、ほら穴の中から、きつねどんはたぬきどんに声をかけました。「おおい、たぬきどん。ここはすずしくて気持ちがいいぞ。」
　ア　ほら穴の中
　イ　きつねどん
　ウ　たぬきどん
　エ　こえ
　オ　すずしくて気持ちがいいこと

14、入江の向こうにうかぶ小島を見つめながら、海ぞく船にのった親分はいいました。「あそこにおれたちの宝がかくしてあるんだ。」
　ア　入江
　イ　向こう
　ウ　小島
　エ　海ぞく船
　オ　親分
　カ　宝
　キ　かくし場所

15、兄はとなりの部屋の洋服だんすのとびらを指さして「そこを開けると中にジャケットが入っているよ。」といった。
　ア　兄
　イ　となり
　ウ　となりの部屋
　エ　洋服だんす
　オ　洋服だんすのとびら
　カ　指
　キ　ジャケット
　ク　洋服だんすの中

16、姉は私に、今いちばん有名な歌手の新しいCDをわたしながら、「ここに姉は私といってもすきな歌がたくさん入っているのよ。」と教えてくれた。
　ア　姉
　イ　今
　ウ　私
　エ　いちばん
　オ　いちばん有名な歌手
　カ　新しいCD
　キ　すきな歌
　ク　たくさん入っているCD

17、あの一つの橋の向こうのたもとに、けんのわらぶきの家が見えるだろう。あそこがこれからおとずれる民芸博物館だ。
　ア　あの
　イ　一つの橋
　ウ　向こう
　エ　一つの橋の向こうのたもと
　オ　けんのわらぶきの家
　カ　わらぶき
　キ　けんのわらぶきの家
　ク　民芸博物館

一、記号で答える　解答

12、ぼくは放課後、近くの公園で遊んでいました。ジャングルジムのいちばん上で、ぼくは「ここがいちばんいい場所だ。」と思いました。
　ア、ぼく
　イ、放課後
　ウ、近くの公園
　エ、ジャングルジムのいちばん上
　オ、いちばんいい場所
　【エ】

13、ほら穴の中から、きつねどんはたぬきどんに声をかけました。「おーい、たぬきどん、ここはすずしくて気持ちがいいぞ。」
　ア、ほら穴の中
　イ、きつねどん
　ウ、たぬきどん
　エ、こえ
　オ、すずしくて気持ちがいいこと
　【ア】

14、入江の向こうにうかぶ小島を見つめながら、海ぞく船の親分は言いました。「あそこにおれたちの宝がかくしてあるんだ。」
　ア、入江
　イ、向こう
　ウ、小島
　エ、海ぞく船
　オ、親分
　カ、宝
　キ、かくし場所
　【ウ】

15、兄はとなりの部屋の洋服だんすのとびらを指さして「そこを開けると中にジャケットが入っているよ。」と言った。
　ア、兄
　イ、となりの部屋
　ウ、洋服だんす
　エ、洋服だんすのとびら
　オ、洋服だんすのとびら
　カ、指
　キ、洋服ジャケット
　ク、ジャケットの中
　【オ】

16、姉は私に、「今いちばん有名な歌手の新しい歌がたくさん入っているCDをわたしながら、「ここに」と教えてくれた。
　ア、姉
　イ、私
　ウ、今
　エ、いちばん
　オ、いちばん有名な歌手
　カ、新しい歌がたくさん入っているCD
　キ、新しい歌
　【カ】

17、あの一つ向こうの橋の向こうのたもとに、あそこがこれからおとずれる民芸博物館だ。わらぶきの家が見えるだろう。
　ア、あの
　イ、あそこ
　ウ、一つ向こうの橋
　エ、向こうのたもと
　オ、一つ向こうの橋の向こうのたもと
　カ、一けんのわらぶきの家
　キ、民芸博物館
　【カ】

(16)

一、記号で答える

18、「ほら、あの川の右岸を見てごらん。」そこには、バナナか三日月のような、細長くまがった池がありました。
　ア、あの川
　イ、川の右岸
　ウ、バナナ
　エ、三日月
　オ、細長くまがった池

19、卒業式の日、だれもいない教室で、私は一人、自分の席に座ってみました。黒板に落書きもしました。窓も開けてロッカーも開けてみました。そこには私のさまざまな思い出がぽつんとおかれたままなのです。
　ア、卒業式の日
　イ、教室
　ウ、自分の席
　エ、黒板
　オ、窓
　カ、ロッカー
　キ、思い出

20、水平線の境目にかすかに島が見えていた。時間をかけて少しずつぼくたちのキャンプ地、沖島だ。あそこが、ぼくたちのキャンプ地、沖島だ。
　ア、水平線
　イ、水平線の境目
　ウ、かすかに見えている島
　エ、一時間ほど
　オ、キャンプ地
　カ、沖島

21、ぼくは家から少し遠いけれども、となりの町の東図書館によくやって来ます。そこは、ぼくの町の中央図書館よりも小さいけれども、窓から見える緑がすてきで、落ち着いて本を読むことができるところです。
　ア、家
　イ、となりの町
　ウ、となりの町の東図書館
　エ、ぼくの町の中央図書館
　オ、ぼくの町
　カ、窓
　キ、窓から見える緑

22、私にはお気に入りの場所があります。一人になりたいとき、さびしい時でも、ここに来て草の上に腰を下ろします。うれしい時もかなしい時も心がほんわり暖かくなってくるのを感じます。
　ア、お気に入りの場所
　イ、一人になりたい場所
　ウ、さびしい時
　エ、うれしい時
　オ、草の上
　カ、腰を下ろすところ

一、記号で答える　解答

18、「ほら、あの川の右岸を見てごらん。」そこには、バナナか三日月のように、細長くまがった池がありました。
　　ア、あの川の右岸
　　エ、バナナ
　　ウ、三日月
　　オ、細長くまがった池

　　答　イ

19、卒業式の日、だれもいない教室で、私は一人、自分の席に座ってみました。黒板に落書きもしました。窓も開けてみました。ロッカーにはそこには私のさまざまな思い出がほこりだらけのままなのです。
　　ア、卒業式の日
　　エ、教室
　　ウ、自分の席
　　キ、ロッカー
　　ク、思い出
　　オ、窓
　　エ、黒板

　　答　イ

20、水平線の境目に、かすかに島が見えていた。時間をかけて少しずつぼくたちのキャンプ大きくなってきた。あと一時間ほどで着くだろう。あそこがぼくたちのキャンプ地、沖島だ。
　　ア、水平線の境目
　　カ、沖島
　　エ、かすかに見えている島
　　キ、一時間
　　オ、キャンプ地

　　答　ウ

21、ぼくは、家から少し遠いけれども、となり町の東図書館によくやって来ます。ここは、ぼくの町の中央図書館より小さいけれども、窓から見える緑がすてきで、落ち着いて本を読むことができるところです。
　　ア、家
　　エ、となり町
　　ウ、となり町の東図書館
　　キ、窓から見える緑
　　カ、窓から見える緑
　　オ、ぼくの町の中央図書館

　　答　ウ

22、私にはお気に入りの場所があります。一人になりたいときはもちろん、うれしい時、悲しい時、さびしい時でさえ、ここに来て草の上に腰を下ろすと、心がほんわりと暖かくなってくるのを感じます。
　　ア、お気に入りの場所
　　ウ、一人になりたい場所
　　エ、うれしい時、悲しい時
　　オ、草の上
　　エ、腰を下ろすところ

　　答　ア

一、記号で答える

23、「みなさま、ようこそ山奥温泉旅館においでくださりまことにありがとうございます。夕食にはこちらの名物、あゆと山菜をご賞味(しょうみ)いただきます。」
ア、みなさま　　イ、山奥温泉旅館　　ウ、あゆと山菜
エ、夕食　　オ、名物　　カ、ありがたいこと　　キ、賞味

24、約束の日、京子は一人の見知らぬ女性を連れて私の元にやってきた。「そちらはどなたですか。」私は小声で京子にたずねた。
ア、約束の日　　イ、京子　　ウ、見知らぬ女性
エ、私の元　　オ、小声

25、峠からふもとを見ると、右手には街道から分かれた一本の細い道が山の裏がわくるっと回っていた。「あちらなら人目につかず参ることができます。」新之助はそう言って歩きだした。
ア、峠　　イ、ふもと　　ウ、右手　　エ、街道
オ、細い道　　カ、人目　　キ、山の裏がわ　　ク、新之助

26、祖母はばりごたつに足を入れ、ひざの上から腰まで毛布をかけて座っていた。「外は寒かっただろう。早くこちらにおいでなさい。」祖母はいつもやさしかった。
ア、祖母　　イ、ばりごたつ　　ウ、毛布
エ、外　　オ、祖母がいつもやさしいこと

27、長野のいとこから京都の私のところに手紙が来た。「みなさんお元気ですか。今度の夏休みにそちらにうかがいたいと思っています。その時はよろしく。」と書いてあった。夏休みがくるのが楽しみだった。
ア、長野　　イ、京都　　ウ、いとこ　　エ、手紙
オ、みなさん　　カ、夏休み

1′ 記号で答える 解答

23′「みなさま、ようこそ山奥温泉旅館におこしくださり、まことにありがとうございます。夕食にはこちらの名物、あゆと山菜をご賞味(しょうみ)いただきます。」
 ア みなさま
 イ 山奥温泉旅館
 ウ 夕食
 エ あり（がたい）こと
 オ 名物
 カ ご賞味
 キ あゆと山菜

　イ

24′ 約束の日、京子は一人の見知らぬ女性を連れて私の元にやってきた。「そちらはどなたですか。」私は小さな声で京子にたずねた。
 ア 約束の日
 イ 京子
 ウ 見知らぬ女性
 エ 私の元
 オ 小声

　ウ

25′ 峠からふもとを見ると、右手には街道から分かれた一本の細い道が山の裏がわくと回っていた。「あちらなら人目にわかずぐ参ることができます。」新之助はそう言って歩きだした。
 ア 峠
 イ ふもと
 ウ 右手
 エ 街道
 オ 細い道
 カ 山の裏がわ
 キ 人目
 ク 新之助

　オ

26′ 祖母はほほえんだ。「外は寒かったろう。早くこちらにおいでなさい。」祖母はひざの上から腰にまで毛布をかけて座っていた。
 ア 祖母
 イ 外
 ウ 毛布
 エ ひざの上
 オ 祖母がいつもやさしいこと

　イ

27′ 長野のいとこから京都の私のところに手紙が来た。「みなさんお元気ですか。今度の夏休みにそちらにうかがいたいと思っています。その時までよろしく。」と書いてあった。夏休みが楽しみだ。
 ア 手紙
 イ 京都
 ウ 長野
 エ 夏休み
 オ みなさん

　イ

(20)

一、記号で答える

28、消費税（しょうひぜい）も上がったし、電車賃（ちん）も値上がりし、その上、電気・ガス・水道代も上がるんだって。**そう**なるともう大変だね。
　ア、消費税が上がる
　イ、電車賃が値上げする
　ウ、電気・ガス・水道代金が上がる

29、私は走った。走り続けた。目の前がくらくらする。息は汽車のようだった。足も痛い。ゴールはまだ遠い。私は走り続けたが、**もう**足が痛くては、と思い始めていても最後まで走り切ることはできないだろうなと
　ア、走り続けて
　イ、くらくらして　　　　カ、走り切ることができないほど
　ウ、息が汽車のように
　エ、足が痛いと
　オ、最後まで

30、「ゆみ子、何しているの。手は洗ったの。どうしてあなたは本ばかり読んでいるの。今日も宿題はあるんじゃないの。今日はまだ宿題をしようとしないの。」「**そう**だけど先に本を読んだほうがいいよ。」
　ア、何しているの
　イ、手は洗ったの
　ウ、勉強しなさい
　エ、本ばかり読んで
　オ、先に宿題をしようとしない

31、大工さんは耳にえんぴつをはさみ、腰にいくつかの大工道具をぶら下げていた。そしておもむろに、印のついた角材をせのこの上に合わせるように、どちらにも一つに切れるのを、ぼくはいつも手で押さえていたが、**ああ**すれば、ぼくはいつも手でうまく切れなかったんだ。
　ア、耳にえんぴつをはさみ　　カ、手で押さえ
　イ、大工道具をぶら下げ　　　キ、ぐらぐらさせ
　ウ、角材を合わせ
　エ、せのこの上に
　オ、左足で押さえて
　角材を二つに切れ

32、お父さんは大のコーヒー好きです。自分でいれても、お母さんにいれてもらっても、一通り飲む前は必ずその香りを楽しんでから飲むんだよ。「本当に**そう**ですね。」といつも口をつけます。
　ア、自分でいれて
　イ、お母さんにいれてもらって
　ウ、香りを楽しんで
　エ、口をつけて

一、記号で答える 解答

28、消費税(しょうひぜい)も上がった。電車賃(ちん)も値上がりもうした。その上、電気・ガス・水道代も上がるんだって。そうなるともう大変だねえ。
   ア、消費税が上がる
   イ、電車賃を値上げす
   ウ、電気・ガス・水道代金が上がる
   □ ウ

29、私は走った。足はじんじんと痛くて、はじんじんと痛くても最後まで走り続けた。目の前がくらくらする。息は汽車のようだった。ゴールはまだ遠い。私は走り続けることはできないだろうなと思い始めていた。
   ア、走り続けて
   イ、くらくらうとして
   ウ、息が汽車のように
   エ、最後まで走り切ることができないほど
   オ、じんじんと痛くても
   □ エ

30、「ゆみ子、何してるの。手は洗ったの。どうしてあなたは本から早く勉強しようとしないの。」「そういうこと言うな。今日はまだまだ先に本を読んだだけよ。」先には宿題をしようとしない。今日も先に本を読んでいる日も宿題はあるでしょうじゃない。
   ア、何してるの
   イ、手は洗ったの
   ウ、勉強しなさい
   エ、かばんもおきっぱなし
   オ、先には宿題をしようとしない
   □ オ

31、大工さんは耳にえんぴつをはさみ、腰にいくつかの大工道具をぶら下げていた。左足で押さえておもむろに印のついた角材をひきはじめた。そう、うまく切れないではないか。もう片方手で押さえてみるか。どうしたらうまく切れるのか。角材は二つに切れるのか。
   ア、耳にえんぴつ
   イ、大工道具をぶら下げ
   ウ、角材を合台の上にせ
   エ、左足で押さえ
   オ、角材を二つに切れ
   カ、手で押さえ
   キ、どうすればいいのか
   □ エ

32、お父さんは大のコーヒー好きです。自分でいれても、お母さんにいれてもらってもその香りを楽しんでから飲むのです。目の前に必ず三通はそうしてから飲むんだよ。」と、いってもう口をつけます。「本当にそうですね。」
   ア、自分でいれて
   イ、お母さんにいれてもらって
   ウ、香りを楽しんで
   エ、口をつけて
   □ エ

一、記号で答える

33、父は自分の前のあたりを手で示して、「ここに座りなさい。」とやさしい口調で言った。
　ア、自分
　イ、父
　ウ、父の前のあたり
　エ、手
　オ、手で示すこと
　カ、座ること
　キ、やさしいこと
　ク、やさしい口調

34、食事の前には手を洗いましょう。それはとても大切なことですから。
　ア、食事
　イ、食事の前
　ウ、食事の前に手を洗うこと
　エ、大切なこと

35、赤信号で道路をわたっている大人がいました。弟はそれを見て「どうして赤信号なのにわたっているの。」と聞きました。
　ア、赤信号がついたこと
　イ、大人が赤信号でわたっている道路
　ウ、弟が見た赤信号
　エ、大人が赤信号で道路をわたっているようす
　オ、赤信号なのにわたってもらうこと

36、「あっ、あぶない。」そう思う間もなく、ベランダの手すりの上においてあった植木ばちが、音もなく落ちて行きました。そして遠くで「カシャン」というわれた音がしました。「おまえのせいだぞ。これは。」ぼくはこわくて下の通路を見ることができませんでした。
　ア、「あっ、あぶない。」と思ったこと
　イ、ベランダの手すりの上に植木ばちをおいたこと
　ウ、植木ばちが落ちたこと
　エ、「カシャン」というわれた音がしたこと
　オ、こわくて下の通路を見ることができなかったこと

37、雪がしんしんとふる寒い日曜日でした。母はあみ物をしていました。小さな弟はすやすやと小さな寝息を立てていました。私は大好きな本を読み続けていました。こんな日曜日は家にいるのが一番です。
　ア、雪がしんしんとふる寒い日曜日
　イ、母があみ物をしている日曜日
　ウ、弟がねむっている日曜日
　エ、私が本を読んでいる日曜日
　オ、家にいるのが一番な日曜日

38、先生が「今日はぬきうちテストです。」と言いました。これがぼくのいちばんきらいな時間です。
　ア、先生
　イ、先生がテストをすること
　ウ、ぬきうちテスト
　エ、テストの時間

1、記号で答える　解答

33、父は自分の前のあたりを手で示して、「ここへ座りなさい。」ときびしい口調で言った。
　　ア、父　　　　　　　　　カ、座ること
　　イ、自分　　　　　　　　キ、きびしいこと
　　ウ、父の前のあたり　　　ク、きびしい口調
　　エ、手
　　オ、手で示すこと
　　　　　　　　　　　　　　　　　　［ ウ ］

34、食事の前には手を洗いましょう。それはとても大切なことですから。
　　ア、食事
　　イ、食事の前
　　ウ、食事の前に手を洗うこと
　　エ、大切なことと手を洗うこと
　　　　　　　　　　　　　　　　　　［ ウ ］

35、赤信号で道路をわたっている大人がいました。弟はそれを見て「どうして赤信号なのにわたっているの。」と聞きました。
　　ア、赤信号がついたこと
　　イ、大人が赤信号で道路をわたっていること
　　ウ、弟が見た赤信号でわたっている道路
　　エ、弟が見た赤信号
　　オ、赤信号なのにわたってもらうこと
　　　　　　　　　　　　　　　　　　［ ウ ］

36、「あっ、あぶない。」と思う間もなく、ランダの手すりの上においてあった植木ばちが、音もなく落ちて行きました。そして遠くで「カシャン」というかわいた音がしました。「おまえのせいだぞ、これは。」ぼくはこわくて下の通路を見ることができませんでした。
　　ア、「あっ、あぶない。」と思ったこと
　　イ、ベランダの手すりの上に植木ばちをおいたこと
　　ウ、植木ばちが落ちたこと
　　エ、「カシャン」というかわいた音がしたこと
　　オ、こわくて下の通路を見ることができなかったこと
　　　　　　　　　　　　　　　　　　［ ウ ］

37、雪がしんしんとふっています。母はあみ物をしています。小さな弟はすやすやと小さな寝息を立てておりました。私は大好きな本を読み続けています。こんな日には家にいるのが一番です。
　　ア、雪がしんしんとふっている日
　　イ、母があみ物をしている日
　　ウ、弟がおねむっている日
　　エ、私が本を読んでいる日
　　オ、家にいるのが一番なる日
　　　　　　　　　　　　　　　　　　［ ア ］

38、先生が「今日はぬきうちテストです。」といっしゃいました。これがぼくのいちばんきらいな時間です。
　　ア、先生
　　イ、先生がテストをすること
　　ウ、ぬきうちテストの時間
　　　　　　　　　　　　　　　　　　［ ウ ］

一、記号で答える

39、ゆかりとゆみが楽しくおしゃべりをしていた。彼(かれ)はいきなりこう言った。「じゃまだ。じゃまだ。そこのけよ。」
ア　ゆみ
イ　ゆかり
ウ　ゆうさく

□

40、マリュウリアは不思議な力を持っていた。それは、どんな生き物とでも言葉が通じる能力だった。「リスさん、カメさん、クマさん、チョウチョさん、キツネさん、コウリさん、森の中のすべての生き物さん、私の声が聞こえたら、どうかここに集まっておくれ。」彼女(かのじょ)はそう言うとすぐれるようにその場におくれだ。
ア　マリュウリア
イ　カタツムリ
ウ　マリス
エ　チョウチョ
オ　キツネ
カ　クマ
キ　レンゲ
ク　森の生き物

□

41、おなかおりは本が好きなおとなしい女の子でした。とむは鉄ぼうがとくいな活発な男の子でした。でも二人はとても仲のよいおさななじみでした。ある日彼女がとむに言いました。「ねえ、鉄ぼうでぐるぐる回ると、地球ごとおおきくなどがとしまったりしないの。宇宙の方におちていっちゃう。」
ア　おなかおり
イ　おとなしい女の子
ウ　とむ
エ　鉄ぼうがとくいな活発な男の子
オ　クマ
カ　宇宙
キ　地球
ク　おおきなどが

□

42、前に水と氷があります。どちらも同じ物質であるにもかかわらず、前者は自由に形を変えることができ、後者は一つのかたまりです。
ア　水
イ　氷
ウ　物質
エ　自由
オ　形

□

43、新聞とテレビ、この二つについて考えてみましょう。どちらも人々にいろいろな情報を伝えるという意味では同じものですが、大きく違う点がいくつかあります。前者は一日に一回、あるいは二回、人々に情報をとどけますが、後者は新しいできごとが起きしだい、それをすぐに人々に伝えることができます。
ア　テレビ
イ　新聞
ウ　情報
エ　人々
オ　新しいできごと

□

一、記号で答える　解答

39、ゆかりとゆうきが楽しくおしゃべりをしていた。そこにゆうまがやってきた。彼（かれ）はいきなりこう言った。「じゃまだ。じゃまだ。そこのけよ。」
ア　ゆかり
イ　ゆみどり
ウ　ゆうさく

　　ウ

40、マリユリさんは不思議な力を持っていた。それは、どんな生き物とでも言葉が通じる能力だったった。「リスさん、シカさん、クマさん、ちょうちょさん、私の声が聞こえたら、どうかここに集まっておくれ。」彼女（かのじょ）はそういうとすぐにその場にたおれたようにその場にたおれた。
ア　マリユリ
イ　シカ
ウ　クマ
エ　クシカ
オ　ちょうちょ　　　　キ　森のリゲ
　　　　　　　　　　　ク　森の生き物

　　ア

41、おかあおりは本が好きなおとなしい女の子でした。一方、彼女（かのじょ）の鉄ぽうとなかよくしている活発な男の子でした。でも二人はとても仲のよいおさななじみでした。ある日、鉄ぼうは彼女に言いました。「ねえ、鉄ぼうでぐるぐる回るとたのしいんだよ。地球でまわるよりもっとたのしいよ。宇宙の方にまわってみようよ。」
ア　かおおり
イ　おとなしい女の子
ウ　男の子
エ　鉄ぼう
オ　活発な男の子
カ　おおさなじみ
キ　地球
ク　宇宙

　　ア

42、ここに水と氷があります。どちらも同じ物質であるにもかかわらず、前者は自由に形を変えることができ、後者は一つのかたまりです。
ア　水
イ　氷
ウ　物質
エ　自由
オ　形

　　ア

43、新聞とテレビ、この二つについて考えてみましょう。どちらも人々に情報を伝えるという意味は同じものですが、大きく違う点がいくつかあります。前者は一日に一回あるいは二回、人々に情報を伝えることしかできませんが、後者は新しい情報が起きしだい、すぐに人々に情報を伝えることができます。
ア　テレビ
イ　新聞
ウ　人々
エ　情報
オ　新しいこと

　　イ

(26)

一、記号で答える

44、「それを消してね。」よしこちゃんは私が右手に持っている新しいえんぴつを見ていた。私は左手にもよしこちゃんに見せてあげる新しい消しゴムを持っていた。
ア、私
イ、右手
ウ、新しいえんぴつ
エ、左手
オ、新しい消しゴム

□

45、「こっちの方がもっと古いものだよ。」父はじっと見ているおじさんに、古い刀やよろいなどたくさんある私の家にはひとつとひけをとらないほどのものだとじまんげに言った。
ア、こっち
イ、父
ウ、おじさん
エ、古い刀やよろい
オ、私の家

□

46、「あれはまだましだな。」ぼくは、もうすぐ真っ赤に指さきから青からオレンジ色に真っ赤にじゅくしてくるかきがなっている柿が、父の言葉があまりかわらしくしていることを聞いていた。父の言葉を聞いていたぼくはほど真っ赤に変わりかけている柿
ア、ぼく
イ、父の言葉
ウ、青からオレンジ色に変わりかけている柿
エ、真っ赤にじゅくしている柿
オ、ほど真っ赤に変わりかけている柿

□

47、「あれはそんなに決めて、父の言葉を正男がとなりの部屋で聞きながら、「でも、ぼくが悪いから決して、あやまるもんか。」と健太がかたくなに心をかためていた。
ア、そんなに決めて
イ、父の言葉
ウ、正男
エ、となりの部屋
オ、ぼくが悪いこと
カ、かたい決心

□

48、「つぎはここをよく見なさい。」先生はこちらを向いて黒板に字を書きながらなぜだろう。ぼくが見えているのが分かるのだろうか。先生はこちらを見ているのだろうか。
ア、つぎ
イ、先生
ウ、黒板
エ、よく見るところ
オ、こちらを見ている

□

一、記号で答える　解答

44、「それ、ちょうだい。」よしこちゃんは私が右手に持っている新しいえんぴつを見て言った。私は左手にもっよしこちゃんに見せてあげる新しい消しゴムを持っていた。
　ア、右手
　イ、新しいえんぴつ
　ウ、左手
　エ、よしこちゃん
　オ、新しい消しゴム

【ウ】

45、「こっちの方がもっと古いものだよ。」父はかびくさく見ているおじにひびわれたつぼを見せて言った。私の家には古い刀やよろいなどいずっと昔からかけつけられたものがたくさんあった。ひびわれたつぼよりが古いよろい
　ア、私の家
　イ、かびくさく
　ウ、ひびわれたつぼ
　エ、古い刀
　オ、古いよろい

【イ】

46、「あれは、まだまだだな。」ぼくは、もうすぐしおれるほど真っ赤にじゅくしている柿があることは父の言葉を聞いて知った。父の指さす方には青からオレンジ色に変わりかけている柿があった。
　ア、ぼく
　イ、父
　ウ、父の言葉
　エ、もうすぐしおれるほど真っ赤にじゅくしている柿
　オ、青からオレンジ色に変わりかけている柿

【オ】

47、「あれはあの父の言葉をとなりの部屋で聞きながら、「でも、ぼくが悪いことをするもんか。」とかたく心にと決めた。正男こそが悪い者なのだ。ぼくが悪いんじゃない。
　ア、あれ
　イ、父
　ウ、父の言葉
　エ、健太
　オ、正男
　カ、ぼくが悪いこと
　キ、かたい決心
　ク、となりの部屋

【ウ】

48、「っ、むこうを見なさい。」なぜだろう。先生はこちらを向いて黒板に字を書きながらも、ぼくがよそ見をしているのが分かるのだろうか。黒板のどこをどう見ても、ぼくには見えているんだろうか。
　ア、っ
　イ、先生
　ウ、よそ見
　エ、黒板を見る
　オ、先生を見る

【エ】

一、記号で答える

49、「おい、こいつが見えるか。」コンタが笑いながら言った。コンタはこの町一番のあばれん坊者だ。やつの悪さは数えればきりがない。だからこのコンタと決着をつけなければいけないと思っていた。ぼくはこいつからこの学区をまもるために、こちらの学区でやつの悪さを数え泣きされていた小さな子をつれて、あんなに元気だったのに、もう今は鳴き声にも力がなかった。ぼくと決着をつけた大事に見守ってきた。ぼくたちが大事に見守っていた。

ア、コンタ
イ、あばれん坊者
ウ、悪さ
エ、こちらの学区
オ、ぼくの学校の三年生
カ、いじめられていた子
キ、コンタとの決着

50、「え、そんな。一年生なのに…」私は突然のことにおどろいてしまった。小さな学校だから一年生から五年生までみんな同じクラスなんて。「あと一年なんだから無理だと分かってはいたけれど、もう転校しなければならないの。」会社の転勤だからならない。私はたずねずにはいられなかった。

ア、突然のことにおどろいたこと
イ、一年生から五年生までみんな同じクラスでいられたこと
ウ、転校しなければならないこと
エ、私が無理だと分かってはいらないこと
オ、ずねずにはいられなかったこと

51、「あちらには何でもある。きれいな水も流れている。おいしい木の実もたくさんある。まわりの一番のてきとトンガリ山まで飛んで行き、元気になった小鳥を見送っておばあさんはこのことは忘れていたかんびょうしてやったのだ。もともとあちらには何でもあるおばあさんのうちぶんの木の実だ。

ア、ウソ
イ、きれいな水
ウ、おいしい木の実
エ、トンガリ山
オ、病人
カ、おばあさん

52、「そう思っているなら、早いことあやまっておいで。」悪いとは分かっていながら素直にあやまれないぼくの背中を軽くたたいて、先生はおっしゃった。

ア、早くあやまること
イ、悪いと分かっていること
ウ、素直にあやまれないこと
エ、先生がぼくの背中をたたいたこと
オ、先生がおっしゃったこと

一、記号で答える　解答

49、「おい、これが見えるか。」コンタが笑いながら言った。コンタはこの町一番のまちやんぼう者だった。わざわざ悪さをするために、こちらの学区までやってくるのだ。けれどもぼくは驚きはしない。これからコンタとぼくと決着をつけなければいけないはずだった。コンタにいじめられて泣かされてきた子をつかまえるなんて、あんなに元気だったのに、もう今は鳴く声にも力がなかった。ぼくたちが大事に見守ってきた小さな子ばかりだった。

ア、コンタ
イ、まちやんぼう者
ウ、悪さ
エ、こちらの学区
オ、ぼくの学校の三年生
カ、コンタにいじめられた子
キ、コンタとぼくの決着

　　　キ

50、「えっ、そんな。」私は突然のことにおどろいてしまった。小さな学校だったから一年生から五年生までみんな同じクラスでいられたのに。「あなた一年生なんだからもう無理だと分かってはいたけれど、どうしても転校しなければならないの。」会社の転勤だから仕方がない。私はただずねずにはいられなかった。

ア、突然のことにおどろいたこと
イ、一年生から五年生までみんな同じクラスでいられたこと
ウ、転校しなければならないこと
エ、無理だと分かってはいたこと
オ、私がたずねずにはいられなかったこと

　　　ウ

51、「あれちに何にもない。おばあさんは、ああ、ここのことは忘れて、やっとリ山まで飛んで行き、元気になった小鳥を見送る。おいしい木の実もたくさんある。きれいな水も流れている。ここは一番の敵（てき）、人間がいない。」おばあさんはそういうやいなや、生けがめの病したやいなや、生けがめ……

ア、あれち
イ、きれいな水
ウ、敵である人間
エ、おいしい木の実
オ、やっとリ山
カ、病したおばあさん

　　　エ

52、「そう悪いと分かっているなら、素直にあやまれないぼくの背中を軽くたたいて、早いことあやまっておいでよ。」悪いとは分かっているが、早くあやまってしまいたい。先生は分かってやっているのだった。

ア、早くあやまること
イ、悪いと分かっていること
ウ、素直にあやまれないこと
エ、先生がぼくの背中をたたいたこと
オ、先生がぼくしゃったこと

　　　イ

二、書きぬき ①

問題 次のぼう線部の指し示している言葉を、指定された字数で文中より書きぬいて答えなさい。

例、裏山に一本の桜の木があります。<u>それ</u>は毎年春になると美しい花を咲かせます。（3字）

> 桜の木

1、食事の後に歯をみがくことは、虫歯の予防になります。また、<u>それ</u>は気分をさわやかにする効果もあります。（7字）

2、飲み水とかんづめはいつも家に用意しておきましょう。なぜなら<u>それら</u>は非常の時に役にたつからです。（8字）

3、ここにメロンがあります。あちらにいちごがあります。<u>これ</u>と<u>あれ</u>とではどちらがあなたは好きですか。（これ…3字、あれ…3字）

> これ
>
> あれ

4、わが日本はアメリカより小さな国です。しかし、<u>この国</u>には古い伝統と文化があります。（4字）

5、きのう先生が宇宙の話をして下さいました。ぼくは<u>その話</u>を聞いてから、毎日空をながめています。（4字）

6、お父さんは裏山を見ながら、「<u>あの</u>山はお父さんが子供のころ、毎日のように登って遊んでいた山なんだ。」と言いました。（2字）

7、私は遠足で大きな神社に来ています。<u>ここ</u>には美しい庭があり、近所の人達が良く散歩に来るそうです。（5字）

二、書きぬき ①　解答

問題　次の傍線部の指し示している言葉を、指定された字数で文中より書きぬいて答えなさい。

例、裏山に一本の桜の木があります。<u>それ</u>は毎年春になると美しい花を咲かせます。（3字）

> 桜の木

1、食事の後に歯をみがくことは、虫歯の予防になります。また、<u>それ</u>は気分をさわやかにする効果もあります。（7字）

> 歯をみがくこと

2、飲み水とかんづめはいつも家に用意しておきましょう。なぜなら<u>それら</u>は、非常の時に役にたつからです。（8字）

> 飲み水とかんづめ

3、ここにメロンがあります。あちらにいちごがあります。<u>これ</u>と<u>あれ</u>とではどちらがあなたはすきですか。（これ…3字、あれ…3字）

> これ　メロン
>
> あれ　いちご

4、わが日本はアメリカよりも小さな国です。しかし、<u>この国</u>には古い伝統と文化があります。（4字）

> わが日本

5、きのう先生が宇宙の話をして下さいました。ぼくは<u>その話</u>を聞いてから、毎日空をながめています。（4字）

> 宇宙の話

6、お父さんは裏山を見ながら、「<u>あの</u>山はお父さんが子供のころ、毎日のように登って遊んでいた山なんだ。」と言いました。（2字）

> 裏山

7、私は遠足で大きな神社に来ています。<u>ここ</u>には美しい庭があり、近所の人達が良く散歩に来るそうです。（5字）

> 大きな神社

二、書きぬき ①

8、姉は机の上を指さして、「そこのはさみをとってくれる?」と言いました。(3字)

9、一本松をこえてまっすぐ行くと森の中に小さな沼があります。でもお母さんは、「あそこだけは入ってはいけません。」と、よく私に言います。(4字)

10、母は北海道のおばさんに電話で、「もうそちらは雪が降りましたか。」とたずねていた。(3字)

11、そして母は「京都は寒くて、もう雪が降りましたよ。」と、こちらのようすを話していた。(2字)

12、川の向こう岸の道を見ながら、太郎は「あちらの道の方が近道なんだ」と教えてくれた。(8字)

13、「さっき公園に大量人がきたんだぜ。」「いくら四月一日でも、そんなうそにだまされるか。」(9字)

14、あたり一面の菜の花を見て、こんな美しい景色は今まで見たことがないと思いました。(9字)

15、号令にしたがってきびきびと働く消防士さんを見て、ぼくもあんな仕事がしたいなあと思いました。(12字)

16、あの岬に小さな灯台があります。でも、それは小さいけれども、海の安全に大変役にたっています。(2字)

17、たけしは金色のメダルを見せながら、「これはおれが子供すもう大会で優勝したときのメダルだ」と言いました。(6字)

二、書き抜き ① 解答

8．姉は机の上を指さして、「そこのはさみをとってくれる？」といいました。（3字）
| 机の上 |

9．一本道をこえてまっすぐ行くと森の中に小さな沼があります。でもお母さんは、「あそこだけはいってはいけません」と、よく私にいいます。（4字）
| 小さな沼 |

10．母は北海道のおばさんに電話で、「もうそちらは雪が降りましたか。」とたずねていた。（3字）
| 北海道 |

11．そして母は「京都は寒くて、きのう、もう雪が降りましたよ。」と、こちらのようすを話していた。（2字）
| 京都 |

12．川の向こう岸の道を見ながら、太郎は「あちらの道の方が近道なんだ」と教えてくれた。（8字）
| 川の向こう岸の道 |

13．「さっき公園に犬一匹人がきたんだぜ。」「いくら四月一日でも、そんなうそにだまされるか。」（9字）
| 公園に犬一匹人がきた |

14．あたり一面の菜の花を見て、こんな美しい景色は今まで見たことがないと思いました。（9字）
| あたり一面の菜の花 |

15．号令にしたがってきびきびと働く消防士さんを見て、ぼくもあんな仕事がしたいなあと思いました。（12字）
| きびきびと働く消防士さん |

16．あの岬に小さな灯台があります。でも、それは小さいけれども、海の安全に大変役にたっています。（2字）
| 灯台 |

17．たけしは金色のメダルを見せながら、「これはおれが子供すもう大会で優勝したときのメダルだ」といいました。（6字）
| 金色のメダル |

二、書きぬき ①

18、新幹線の窓から見える山を見ながら、「あれが日本でいちばん高い富士山ですよ。」と私は言いました。「あれがとっても美しいでしょう。」と私は思いマス。エレンは「コノ電車モ日本デ世界一ホデス。コレハ通リノノ私モエレンダノ。」とエレンは言いました。(あれ…7字、それ…6字、この電車…3字)

あれ　□
コレ　□
この電車　□

19、「今からドッジボールをします。向こうの北側のコートとこちらの南側のコートにわかれます。男子はあちらのコート、女子はこちらのコートで行います。」(あちら…2字、こちら…2字)

あちら　□
こちら　□

20、先生は、手に持った、黄色を中心としたぼくのひまわりの絵と、教室の後ろにはってある、みどりをもとにした青を中心としたあきかたのひまわりの絵をくらべながら、「こんなかきかたもあります。またあんなかきかたもかけていますね。」とおっしゃいました。(こんな…8字、あんな…7字)

こんな　□
あんな　□

21、だいさくとじんべえは、じんべえの家でお酒を飲んでいました。「あのふるい宝物にしましょうな石だ。」だいさくは、ねずみの開けた小さな穴の中に、七色にかがやく石をみつけました。「これはとてもきれいな石だ。」「それはわしの家にあったんだが、どこの石がわしの物だ。」というはずだ。「そこはじんべえが「それはわしの家にある石だ。」だいさくは答えました。「たしかにここにはおまえさんのうちにあったその穴の中だ。」と、(これ…11字、それ…11字、ここ…6字、その穴…11字)

これ　□
それ　□
ここ　□
その穴　□

二、書きぬき ■ 解答

18．新幹線の窓から見える山を見ながら、「**あれ**が日本で富士山です
よ。」と私は言いました。「**コノ**スバラシイ、エレガントデコノ**電車**モ
トテモ美しイデスネ。私モ**ソレ**ニ通リ、イダト思イマス。（あれ…10字、それ…6字、
この電車…3字）」とエレンは言いました。ソノ日本ガ世界ニホ
コレルモノデスネ。

あれ	窓から見える山
ソレ	とても美しい
この電車	新幹線

19．「今からドッジボールをします。向こうの北側のコートと**こちら**の南側
のコートにわかれます。男子は**あちら**のコート、女子は**こちら**のコート
で行います。」（あちら…2字、こちら…2字）

あちら	北側
こちら	南側

20．先生は、手に持った、黄色を中心としたぼくのひまわりの絵と、教室
の後ろにはってある、青を中心としたあきらさんのひまわりの絵を比べな
がら、「**こんな**かきかたもあります。また**あんな**かきかたもありますね。」
とおっしゃいました。どちらもあいたくさんほめずにわけていますね。
（こんな…8字、あんな…7字）

こんな	黄色を中心とした
あんな	青を中心とした

21．たださんとごんべえは、ごんべえの家でお酒を飲んでいました。「あ
ちらにひかるふしぎな石を見つけましょう。」とごんべえはねずみの開けたかくの穴から
ちらのわが家の宝物にしたのですよ。」「**これ**は七色にひかるふしぎな石だ。
あが**何だ**。」とただしさんがみつけました。「**それ**はわたしの家にあった
もの石がおとしたのだよ。**ここ**にあったのは**その穴**の中だ。」とごんべえは答えました。
（これ…11字、それ…11字、ここ…6字、その穴…11字）

これ	七色にひかるふしぎな石
それ	七色にひかるふしぎな石
ここ	ごんべえの家
その穴	ねずみの開けたかくの穴

二、書きぬき ①

22、「返せよ。」小指ほどの短いえんぴつをにぎったえんぴつけんじくんに、おれは大声を出した。「それはおれの宝物なんだぞ。」「宝物？こんなちびたえんぴつが宝物だって？」えんぴつけんじくんはバカにした笑い方をするな。それは…それはおれにとって…」（それ…11字、こんな…7字、そんな…8字）

それ [   ]

こんな [   ]

そんな [   ]

23、四本の指で竹の柄をしっかりとにぎり、刃の情を親指でおさえ、兄は器用にナイフからプラスチックのカバーを出していた。「こうするればこうして切ると、手を傷つけることもないんだ。」（こう…26字、これ…4字）

こう [   ]
[   ]

これ [   ]

24、とりこわされた家のあと地で、母は私に一通のあて名のない手紙を渡してこう言った。「来年の八月十五日が来たら、これを読んでちょうだい。それよりも早くてもおそくてもだめだから。ここにはもう二度と戻らないからね。がんばるのよ。」（これ…11字、それ…8字、ここ…12字）

これ [   ]

それ [   ]

ここ [   ]

25、「ガシャン」。にぶいような音と共に、じいさんの大切にしていた盆栽（ぼんさい）の鉢（はち）がわれて、ぼくらの足もとに落ちた。それはじいさんの町内でのちびっこ敵（てき）だった。「だれだ、これをわったのは？」そのじいさんはうまくもなくかなしくもなくきこえる口ちょうで言った。（それ…3字、そのじいさん…9字、こう…4字、これ…4字）

それ [   ]

そのじいさん [   ]

二、書きぬき ① 解答

22′「返せよ。」小指ほどの短いえんぴつをにぎりしめたおとうとが大声を出した。「それはおれの宝物なんだぞ。」「宝物？こんなえんぴつが宝物だって？」へんへんはバカにしたように笑いました。「もうるさい。そんな笑い方をするな。それは…それはおれのたからものなんだよ。」（それ…11字、こんな…7字、そんな…8字）

それ	小指ほどの短いえんぴつ
こんな	小指ほどの短い
そんな	バカにしたように

23′四本の指で柄をしっかりとにぎり、刃の背を親指でおさえ、兄は器用に竹からプロペラをけずり出していた。「こうすれば細かな動きもできるし、これが人のすきまちがってこれを傷つけることもないんだ。」（こう…26字、これ…4字）

| こう | 四本の指で柄をしっかりとにぎり、刃の背を親指でおさえ |
| これ | プロペラ |

24′とりこわされた家のあと地で、母は私に一通のあて名のない手紙を渡して言った。「来年の八月十五日が来たら、これを読んでちょうだい。決してそれよりも早くてもおそくてもだめですよ。ここにはもう二度と戻らないからね。でもがんばるのよ。」（これ…11字、それ…8字、ここ…12字）

これ	一通のあて名のない手紙
それ	来年の八月十五日
ここ	とりこわされた家のあと地

25′「ガッシャン」。にぶいようなするどいような、それでいてぬけのある音と共に、たばこやのじいさんの大切にしていた盆栽（ぼんさい）の鉢（はち）がわれた。それは町内でいちばんがんこといわれるやたなぼこじいさんたちの敵（てき）だった。「にげよう。」そう思うまもなくみんなちりぢりにかけだした。「だれだ、これは。」（それ…3字、そのじいさん…9字、そう…4字、これ…4字）

| それ | にぶい |
| そのじいさん | たばこやのじいさん |

二、書きぬき ①　　　　　　　　　　　　　　　　　　　↓37ぺージより

そう [　　　　　　　　　　　　　　]

これ [　　　　　　　　　　　　　　]

26、ユキは手紙をかいた。それはユキが生まれて初めて自分の気持ちを正直に表したものだった。どうしてそんな気持ちになったのか、ユキは自分でも分からなかった。（それ…2字、そんな…13字）

それ [　　　　　　　　　　　　　　]

そんな [　　　　　　　　　　　　　　]

27、次に、こん虫の胸の部分を見てください。ここには6本の足が付いています。また、それらには節があります。（ここ…5字、それら…4字）

ここ [　　　　　　　　　　　　　　]

それら [　　　　　　　　　　　　　　]

28、ぼくは野原の真ん中で観察を続けた。それは今日のような真夏の太陽の下でもくらくらする事だった。また、ぼくは日光をさける木陰もなく、頭がくらくらするのを感じていた。この様な場所でまた観察するのを感じていた。（それ…2字、この様な場所…6字）

それ [　　　　　　　　　　　　　　]

この様な場所 [　　　　　　　　　　　　　　]

29、「太平洋ベルト」とよばれる、瀬戸内海から太平洋沿岸の地域があります。日本の大きな工業地帯はこの地域に集中しています。（28字）

[　　　　　　　　　　　　　　　　　　　　　　　　　　]

30、花びらは「ひらひら」舞うようにおちますが、その形や大きさによって落ち方は変わるのでしょうか。もしそれが変わるとすれば、どんな形にすれば最も良いでしょうか。（その…3字、それ…3字）

その [　　　　　　　　　　　　　　]

それ [　　　　　　　　　　　　　　]

二、書きぬき ① 解答　　　　　　　　　↓38ページより

そう	にげよう

これ	盆栽の鉢

26、ユキは手紙をかいた。**それ**はユキが生まれて初めて自分の気持ちを正直に表したものだった。どうして**そんな**気持ちになったのか、ユキは自分でも分からなかった。（それ…2字、そんな…13字）

それ	手紙

そんな	自分の気持ちを正直に表した

27、次に、こん虫の胸の部分を見てください。**ここ**には6本の足が付いています。また、こん虫の胸の**それら**には節があります。（ここ…5字、それら…4字）

ここ	こん虫の胸

それら	6本の足

28、ぼくは野原の真ん中で観察を続けた。**それ**は今日のような真夏の太陽の下ではたいへんつらい事だった。また**この様な場所**では日光をさける木陰もなく、頭がくらくらするのを感じていた。（それ…2字、この様な場所…6字）

それ	観察

この様な場所	野原の真ん中

29、「太平洋ベルト」とよばれる、瀬戸内海から太平洋沿岸の地域があります。日本の大きな工業地帯は**この地域**に集中しています。（28字）

「太平洋ベルト」とよばれる、瀬戸内海から太平洋沿岸の地域

30、花びらは「ひらひら」舞うようにおちますが、**その**形や大きさによって落ち方は変わるのでしょうか。もし**それ**が変わるとすると最もゆっくりと落ちる花びらにするためには、どんな形にすれば良いでしょうか。（その…3字、それ…3字）

その	花びら

それ	落ち方

二、書きぬき ①

31、冬の北西の季節風が日本海をわたって日本にやってきます。日本海には暖流の対馬海流が流れていて、**この**風は**その**海流からたっぷり水じょう気をもらいます。こののちめった風が日本のつらなった大きな山脈にぶつかった時、**その**のぼり口の日本海側に大雪を降らせるのです。（この風…8字、その海流…4字、その…8字）

この風 [　　　　　]

その海流 [　　　　　]

その [　　　　　]

32、俳句には十七字という限られた字数の中に喜び、悲しみ、梅しさなど、作者のものの感動が込められています。でも、**それらの気持ち**を表す言葉は決して「うれしい」とか「悲しい」などといって直接使われないのです。なぜ**そういう言葉**は使われないのでしょうか。（それらの気持ち…17字、そういう言葉…28字）

それらの気持ち [　　　　　　　　　　]

そういう言葉 [　　　　　　　　　　]

33、「ポチ、**こっちにおいで**。」ひろしさんは犬小屋をたたきながら、ポチをよびました。（3字）

[　　　　　]

34、「**あっち**の方へ歩こう。」といって、父はお寺の屋根の見える方へ、どんどん登っていった。（2字）

[　　　　　]

35、「**これがそうよ**。」と、母は押し入れのおくから出してきた、ほこりにまみれた古いアルバムを、大事そうにかかえて言った。（4字）

[　　　　　]

36、「**いれといて**。」妹が言いました。「風邪をひいているんだから仕方がないな。」と思って、私はテーブルの上の風の薬をとってやりました。（8字）

[　　　　　]

二、書きぬき ① 解答

31. 冬の北西の季節風が日本海をわたって日本にやってきます。日本海には暖流の対馬海流が流れていて、この風はその海流から水じょう気をたっぷり吸いこみます。この湿った風が日本の大きな山脈にぶつかった時、その日本海側に大雪を降らせるのです。（この風…8字、その海流…4字、その…8字）

この風	冬の北西の季節風
その海流	対馬海流
その	日本の大きな山脈

32. 俳句には十七字という限られた字数の中に喜び、悲しみ、悔しさ、はかなさなど、作者の感動が込められています。でも、それらの気持ちが「うれしい」とか「悲しい」などといった直接感動を表す言葉は決してつかわれていません。なぜそういう言葉はつかわれていないのでしょうか。（それらの気持ち…17字、そういう言葉…28字）

それらの気持ち	喜び、悲しみ、悔しさ、はかなさなど
そういう言葉	「うれしい」とか「悲しい」などといった直接感動を表す言葉

33. 「ポチ、こっちにこい。」ひろしさんは犬小屋をたたきながら、ポチをよびました。（3字）

	犬小屋

34. 「あっちの方へ歩こう。」といって、父はお寺の屋根の見える方へ、どんどん登っていった。（2字）

	お寺

35. 「これがそうよ。」と、母は押し入れのおくから出してきた、ほこりにまみれた古いアルバムを、大事そうにかかえて言った。（4字）

	アルバム

36. 「それとって。」妹が言いました。「風邪をひいているんだから仕方がないな。」と思って、私はテーブルの上の薬をとってやりました。（8字）

	テーブルの上の薬

(42)

二、書きぬき ①

37、「そんな話、聞いてないぞ。」耕平は語気を荒くして言った。かれは生まれた時からずっととどろき山で暮らしてきた、とどろき山を守り、とどろき山を育てて来た男だった。そのとどろき山をつらぬいて高速道路ができるなんて、耕平には絶対に許せない事だった。
（そんな…15字、かれ…2字、その山…5字）

そんな	

かれ	

その山	

38、「これがここで発見された最も古い物です」と言って、この角山遺跡で発掘をしている研究員の一人が、ナウマン象の足の骨を見せてくれた。
（これ…9字、ここ…4字）

これ	

ここ	

◆　◆　◆　◆　◆　◆　◆

39、今から西日本と東日本の、文化のちがいについて説明します。前者は、地理的に大陸と近かったので、そこには中国や朝鮮半島の文化が盛んに入ってきていました。それに比べて後者は外来文化にふれられる機会が少なかったため、遅くまで日本国有の文化が残っていましたした。
（前者…3字、そこ…3字、それ…23字、後者…3字）

前者	

そこ	

それ	

後者	

二、書きぬき ① 解答

37、「**そんな**話聞いてないぞ。」耕平は語気を荒くして言った。**かれ**は生まれた時からずっと、とどろき山のふもとに暮らし、とどろき山を守り、とどろき山を育てて来た男だった。**その山**をつらぬいて高速道路ができるなんて、耕平には絶対に許せない事だった。
（そんな…15字、かれ…2字、その山…5字）

そんな	山をつらぬいて高速道路ができる
かれ	耕平
その山	とどろき山

38、「**これ**が**ここ**で発見された最も古い物です」と言って、この角山遺跡で発掘をしている研究員の人が、ナウマン象の足の骨を見せてくれた。
（これ…9字、ここ…4字）

| これ | ナウマン象の足の骨 |
| ここ | 角山遺跡 |

◆　◆　◆　◆　◆　◆　◆

39、今から西日本と東日本の、文化のちがいについて説明します。**前者**は、地理的に大陸と近かったので、**そこ**には中国や朝鮮半島の文化が盛んに入ってきていました。**それ**に比べて**後者**は外来文化にさらされる機会が少なかったため、遅くまで日本固有の文化が残っていました。
（前者…3字、そこ…3字、それ…23字、後者…3字）

前者	西日本
そこ	西日本
それ	中国や朝鮮半島の文化が盛んに入ってきていました
後者	東日本

(44)

二、書きぬき ①

40、「ぼくがやろう。」太郎は思わず花子に言ってしまいました。かれがかの女にこんな言葉をかけたのは、初めてのことでした。
（かれ…2字、かの女…2字、こんな…5字）

かれ　[　　　　　　　]

かの女　[　　　　　　　]

こんな　[　　　　　　　]

41、よしおとかずひこは決意していた。どうしてもやるぞと心に決めていた。次の日の夜中、かれらは家ぞくのだれにも見つからないように、そっと家をぬけ出した。（8字）

[　　　　　　　]

42、ゆきまは自分の宝ばこから、赤い玉かざりのついたくしを取り出し、両手でやさしくつつみこみ、ほほにあてた。それはかの女にとって、とても大切な意味を持つものだった。（それ…14字、かの女…2字）

それ　[　　　　　　　]

かの女　[　　　　　　　]

43、「きみたち、ずるいよ。」「こうつうが悪くなると、すぐぼう力をふるんだから。」「そうだ、そうだよ。」2組の女子たちは、いっせいに声をはり上げた。「おまえたちこそ、ひきょうじゃないか。」つっも全員で大声をもち出しやがって。「おまえたちなんて気取りやがって。」せいとゆきひこは言い返した。（きみたち…8字、おまえたち…7字）

きみたち　[　　　　　　　]

おまえたち　[　　　　　　　]

44、「わたし、帰るわ。」きみとよしえが話しているのを見て、としこは少し不満げに言った。（3字）

[　　　　　　　]

二、書きぬき ① 解答

40、「ばかやろう。」太郎は思わず花子に言ってしまいました。かれがかの女にこんな言葉をつかったのは、初めてのことでした。
（かれ…2字、かの女…2字、こんな…5字）

かれ	太郎
かの女	花子
こんな	ばかやろう

41、よしおとかずひこは決意していた。どうしてもやってやるぞと心に決めていた。次の日の夜中、かれらは家ぞくのだれにも見つからないように、そっと家をぬけ出した。（8字）

| かれら | よしおとかずひこ |

42、ゆきは自分の宝ばこから、赤い玉かざりのついたかんざしをとり出し、両手でやさしくつつみ、ほほにあてた。それはかの女にとって、とても大切な意味を持つものだった。（それ…14字、かの女…2字）

| それ | 赤い玉かざりのついたかんざし |
| かの女 | ゆき |

43、「きみたち、ずるいよ。」「こしょうが悪くなると、すぐぼう力をふるん出しやがって。」「おまえたちこそ、ひきょうじゃないか。」いつも全員で大声をうちだから。」「そうよ、そうよ。」2組の女子たちは、いっせいに声をふり上げた。「おまえたちこそ、ちゃんと話せよ。」「そうだよ。そ『きみたち』だなんて気取りやがって。」せいことゆきひこは言い返した。
（きみたち…8字、おまえたち…7字）

| きみたち | せいことゆきひこ |
| おまえたち | 2組の女子たち |

44、「わたし、帰るわ。」きよみとよしえが話しているのを見て、としこは少し不満げに言った。（3字）

| としこ | としこ |

(46)

三、書きぬき ②

問題 次のぼう線部の指し示している言葉を、□にあてはまるように、文中より書きぬいて答えなさい。

例、今日は日曜日です。久しぶりの晴れで、ぽかぽかと暖かく、こんな日にはどこか遠くへ出かけたくなります。

| ぽ | か | ぽ | か | と | 暖 | か | い |

| 晴 | れ | た | 日 | 曜 | 日 | 。|

1、宿題を忘れてきたくせに、その理由をきちんということなら。

| □ | □ | □ | □ | □ | □ | □ | □ |理由

2、父は日曜日はいつも家でゴロゴロしています。でもそれが、父が元気で働いてくれるわけです。

| □ | □ | □ | □ | □ | □ | □ | □ | □ | □ | □ | □ |

| □ | □ | □ |ということ。

3、私は、京に上のというぞうがいます。他に何もいりません。それだけが私の唯一の望みなのでございます。

| □ | □ | □ | □ |だ、という| □ | □ | □ |。

4、ぼくは弟をたたいた。ぼくをぶったらさしただ。ぼくはカッとなっていた。弟は火が付いたように泣き出した。こんな事がぼくはするはずがない。ぼくがちょっとなっただけで、弟は悪くなかっただんだから。

| □ | □ |が| □ | □ | □ |な、と

| □ |の| □ | □ | □ | □ |

| □ | □ | □ | □ | □ |事。

三′ 書きぬき ② 解答

問題　次のぼう線部の指し示している言葉を、□にあてはまるように、文中より書き抜いて答えなさい。

例′ 今日は日曜日です。久しぶりの晴れで、ぽかぽかと暖かく、こんな日にはどこか遠くへ出かけたくなります。

| ぽ | か | ぽ | か | と | 暖 | か | く |

| 晴 | れ | た | 日 | 曜 | 日 | 。 |

1′ 宿題を忘れてきたくは、その理由をきちんというなさい。

| 宿 | 題 | を | 忘 | れ | て | き | た | 理 | 由 |

2′ 父は日曜日はいつも家でごろごろしています。でもそれが、父が元気で働いてくれるひけつです。

| 日 | 曜 | 日 | は | い | つ | も | 家 | で | ご | ろ |
| ご | ろ | し | て | い | る | こ | と | 。 |

3′ 私は、京に上りたいとねがっています。他に何ものぞみません。それだけが私の唯一の望みなのでございます。

| 京 | に | 上 | り | た | い | と | い | う | 望 | み | 。 |

4′ ぼくは弟をたたいた。ぼくはカッとなったからだ。弟は火が付いたように泣き出した。こんな事がいいはずがない。ぼくが悪かっただけで、弟は悪くなかったんだから。

ぼ	く	が	カ	ッ	と	な	っ	て
弟	の	ほ	っ	ぺ	た	を	ぶ	っ
と	た	た	い	た	事	。

(48)

三、書きぬき ②

5、「どこか遠くへ行きたいな、例えば北海道とか。ぼくたちだけで電車に乗ってね。」ぼくが言うと、「それはいいね。もしできたら、きっと楽しいだろうね。」とまさおくんが言った。

☐☐☐☐☐☐☐☐☐☐☐☐☐☐☐

☐☐☐☐☐☐ 、 ☐☐☐☐☐☐ など

☐☐☐☐☐☐☐☐☐☐☐☐☐☐☐

という考え。

6、「たしかにつともはけんかがはやい。友だちをたたくこともあるし、泣かすこともある。でもそんな事は、重要な事ではないんだ。」と中山先生は大きな声で言った。

☐☐☐☐☐ が ☐☐☐☐☐ を

☐☐☐☐ いたり ☐☐☐☐☐ したりする事。

7、「おにいちゃん、ずるい。」「おまえの方こそずるいぞ。」二人は、いつまでもそんな事を言い合っていた。

お互いに相手が ☐☐☐☐☐☐☐☐☐ と言い合っていること。

8、花よめは真っ白なウエディングドレスを着て、頭には白い髪かざりをしていました。「私もあんな風になりたいな。」とはるみはいつまでもその花よめさんの方を見つめていました。

☐☐☐☐☐☐☐☐☐☐☐☐☐☐☐

☐☐☐☐☐ を着て、頭に

☐☐☐☐☐☐☐☐☐☐☐ をした。

三、書きぬき ② 解答

5、「どこか遠くへ行きたいな。例えば北海道とか。ぼくたちだけで電車に乗ってね。」ぼくが言うと、「それはいいね。もしできたら、きっと楽しいだろうね。」とまさおくんが言った。

| ぼ | く | た | ち | だ | け | で | 電 | 車 | に |

| 乗 | っ | て | 、 | 北 | 海 | 道 | な | ど |

| ど | こ | か | 遠 | く | へ | 行 | き | た | い |

という考え。

6、「たしかにつとむはけんかがはやい。友だちをたたくこともあるし、泣かすこともある。でもそんな事は、重要な事ではないんだ。」と中山先生は大きな声で言った。

| つ | と | む | が | 友 | だ | ち | を |

| た | た | い | た | り | 泣 | か | し | た | り | す | る | 事 。 |

7、「おにいちゃん、ずるい。」「おまえの方こそずるいぞ。」二人はいつまでもそんな事を言い合っていた。

お互いに相手が | ず | る | い | と言い合っていること。

8、花よめは真っ白なウエディングドレスを着て、頭には白い髪かざりをしていました。「私もあんな風になりたいな。」とはるみはいつまでもそう花よめさんの方を見つめていました。

| 真 | っ | 白 | な | ウ | エ | デ | ィ | ン | グ |

| ド | レ | ス | を着て、頭に

| 白 | い | 髪 | か | ざ | り | を | し | た | 花 | よ | め 。|

三、書きぬき ②

9、私は息をふうふういわせ、ついに頂上にたどり着きました。ここから「おーい」とさけべば、私の家までとどくでしょうか。

□□□ が □□ を □□□□□ いわせ、

□□□□□ □□□□□□ いた頂上。

10、突然の事です。「キャンキャン」という鳴き声が聞こえてきました。子犬です。ひろこさんは**それ**を聞いて表へ出てみました。

□□□ が □□□□、

□□□□□□□□□ と鳴きだした事。

11、「ちかごろは本当に、若者の礼儀はなっていないな。」とおじいさんがつぶやきました。でも私は、**それ**は少しちがうと思いました。

□□□□ の □□□□ の

□□□ が □□□□□□□ こと。

12、「国語はすべての科目の基礎になります。」と国語の先生はおっしゃいますが、**それ**は本当に正しいのでしょうか。

□□□ が □□□□□□□□□

□□ になるということ。

13、ぼくは一週間に3冊の本を読もうと目標をたてましたが、**それ**をこなすのはなかなか大変です。

□□□ が □□ だ □□□□□

□□□□□□□□□□

という □□。

三、書きぬき ② 解答

9、私は息をふうふういわせ、ついに頂上にたどり着きました。ここから「おーい」とさけべば、私の家までとどくでしょうか。

| 私 | が | 息 | を | ふ | う | ふ | う | いわせ、 |

| つ | い | に | た | ど | の | 着 | いた頂上。 |

10、突然の事です。「キャンキャン」という鳴き声が聞こえてきました。きっと、ぽちです。ひろこさんはそれを聞いて表へ出てみました。

| ぽ | ち | が | 突 | 然 | 、 |

| 「 | キ | ャ | ン | キ | ャ | ン | 」 | と鳴きだした事。 |

11、「ちかごろは本当に、若者の礼儀はなっていないな。」とおじいさんがつぶやきました。でも私は、それはちがうと思いました。

| ち | か | ご | ろ | の | 若 | 者 | の |

| 礼 | 儀 | が | な | っ | て | い | な | い | こと。 |

12、「国語はすべての科目の基礎になります。」と国語の先生はおっしゃいますが、それは本当に正しいのでしょうか。

| 国 | 語 | が | す | べ | て | の | 科 | 目 | の |

| 基 | 礎 | になるということ。 |

13、ぼくは一週間に3冊の本を読もうと目標をたてましたが、それをこなすのはなかなか大変です。

| ぼ | く | が | た | て | た、 | 1 | 週 | 間 | に |

| 3 | 冊 | の | 本 | を | 読 | も | う |

| という | 目 | 標 | 。 |

(52)

三、書きぬき ②

14、とうとうわたしたちは、村人たちからけっして行ってはいけないとかたく言われていた、しらず沼にたどり着きました。**そのとき**、**そこ**にはなんと言う名前なのでしょう――美しい黄色い花が一面に咲き乱れていました。

［そのとき］

|　|　|　|　|　|　|　|　|いたとき。|

［そこ］

|　|　|　|　|　|が

|　|　|　|いた|　|　|　|　|。

15、先生は、新聞を毎日読みなさいとおっしゃいますが、なかなか**それ**がむつかしいのです。

|　|　|を|　|　|　|むつと。

16、「なあ、**せっ**かく一部屋あけているんだから、もう少し整理したらどうだい。**それ**がふみひろの欠点だよ。」と父が**ぼく**に言いました。

［それ］

|　|　|を|　|　|　|していないこと。

［ぼく］

|　|　|　|　|　|

17、「**そこ**は赤いほうがいいわ。」と山口さんは言いました。「いや、緑の方がずっといいよ。」と田中君が反論しました。「**それ**よりもっと色の方がずっといいよ。」と田中君が反論しました。「**それ**よりもっと色のうすい色、例えば水色や**か**黄色とかにするべきだよ。」と川本君は自分の意見をゆずりません。**かれら**が勝手なことばかり言うので**ぼく**はますます宿題の絵を仕上げるのがおそくなってしまいました。

|　|　|　|　|と|　|　|　|　|と

|　|　|　|　|。

三、書きぬき ② 解答

14、とうとうわたしたちは、村人たちが行ってはいけないとよく言われていたしらず沼にたどり着きました。そのときそこには一「なんと言う名前なのでしょう」美しい黄色い花が一面に咲き乱れていました。

[そのとき]

| し | ら | ず | 沼 | に | た | ど | り | 着 |

いたとき。

[そこ]

| わ | た | し | た | ち | が |

| た | ど | り | 着 | い | た | し | ら | ず | 沼 | 。 |

15、先生は、新聞を毎日読みなさいとおっしゃいますが、なかなかそれがむつかしいのです。

| 新 | 聞 | を | 毎 | 日 | 読 |

むこと。

16、「なあ、せっかく一部屋あげているんだから、もう少し整理したらどうだい。それがふみひろの欠点だよ。」と父がぼくに言いました。

[それ]

| 部 | 屋 | を | 整 | 理 |

していないこと。

[ぼく]

| ふ | み | ひ | ろ |

17、「そこは赤いほうがいいわ。」と山口さんは言いました。「いや、緑の方がいい色、例えば水色のほうがいいよ。」と田中君が反論しました。「それよりもっとすっきりとした意見をゆずりません。宿題の絵を仕上げるのがおそくなってしまうので、ぼくはまいった。」と川本君は自分の意見をゆずりません。宿題の絵を仕上げるのがおそくなってしまうので、ぼくはまいった。

| 山 | 口 | さ | ん | と | 田 | 中 | 君 | と |

| 川 | 本 | 君 | 。

三、書きぬき ②

18、「とにかく、テストは点数さえとれたらいいんだよ。丸暗記でもさ。」とガリ夫がいいました。でもぼくはそれはちがうと思いました。

たとえ ☐☐☐☐ でも ☐☐☐☐☐☐

☐☐☐☐☐☐☐☐☐ ということ。

19、「あなたが赤ちゃんのころは、真ん丸の顔をしていたのよ。まゆ毛ももうたくさんあって、金太郎さんみたいだったわよ。」と母がいいましたが、ほんとうにそんな顔だったのかなあと、ぼくは鏡を見ながら、不思議に感じました。

☐☐☐☐ が ☐☐☐☐☐ 、☐☐☐☐☐ で、まるで ☐☐☐☐☐☐☐☐ みたいな顔。

20、大陸は、まちがいなく移動しています。今では当たり前のことですが、それはたった八十年ほど前には、ほとんどの人が信用していなかった事なのです。

☐☐☐☐ が、☐☐☐☐☐☐☐☐☐

☐☐☐☐☐ ということ。

21、地上の植物はとても重要な働きをしています。それは、私たちが生きていくのに必要な酸素をつくっていることです。しかしその意見には反論もあります。それは地球の酸素のほとんどは海中の植物がつくっているという意見です。

☐☐☐☐☐☐ が ☐☐☐☐☐☐☐☐

☐☐☐☐☐☐☐☐☐☐☐☐☐☐

☐☐☐☐☐☐☐☐☐☐☐ という意見。

三、書きぬき ② 解答

18　「とにかく、テストは点数さえとれたらいいんだよ。丸暗記でもさ。」とガリ夫がいいました。でもぼくは**それ**はちがうと思いました。

たとえ丸暗記でもテストは点数さえとれたらいうこと。

19　「あなた金太郎さんみたいだったよ。」と母がいいましたが、ぼくはどうにか**そんな**顔だったのかなあと、ぼくは鏡を見ながら、不思議に感じました。「あなた赤ちゃんのころは、真ん丸の顔をしていたのよ。まゆ毛もこく

まゆ毛がこくて、真ん丸で、まるで金太郎さんみたいな顔。

20　大陸は、まちがいなく移動しています。今では当たり前のことですが、たった八十年ほど前には、ほとんどの人が信用していなかった事なのです。

大陸がまちがいなく移動しているということ。

21　地上の植物はとても重要な働きをしています。それは、私たちが生きていくのに必要な酸素をつくっていることです。それは地球の酸素のほとんどは海中の植物がつくっている**その意見**には反論という意見ですが、もしかし

地上の植物が私たちが生きていくのに必要な酸素をつくっているという意見。

三、書きぬき ②

22、「きちんと整理しなさい。特にがっこうのものはね。」そういうと、母は私の机の上をかたづけ始めた。

「☐☐☐☐☐☐☐☐☐☐☐☐☐☐☐☐☐☐☐は
☐☐☐☐☐☐☐☐☐☐☐☐☐☐☐☐☐☐☐☐☐☐☐☐☐」ということ。

23、「この問題集一さっが宿題だ。来週までだぞ。必ずやってくるように。」と先生にいわれたが、そんなこと絶対にむりだ。

☐☐☐☐☐☐☐に
　　☐☐☐☐☐☐☐☐☐☐☐☐☐☐☐を
　　　☐☐☐☐☐☐☐☐☐こと。

24、「高山植物園にいかないか、あの山の上の。」と、ゆきお君にさそわれた。けっこう家から近いのに、ぼくはそこへはいったことがない。

☐☐☐☐☐☐☐☐にある
　☐☐☐☐☐☐☐☐。

25、多くの植物は、葉や花を光の当たる方向に向けて伸ばしていきます。それは、はやく光に当たらない部分の方が光に当たる部分よりも、たって向けに、はやく成長するからです。

☐☐☐☐☐☐☐☐が☐☐☐☐☐☐
☐☐☐☐☐☐☐☐☐☐☐☐☐☐
☐☐☐☐☐☐☐☐☐☐こと。

三、書きぬき ② 解答

22′ 「きちんと整理しなさい。特に学校のものはね。」**そういうと**、母は私の机の上をかたづけ始めた。

「特に学校のものはきちんと整理しなさい。」というと、

注…「。」をわすれることがポイント

23′ 「『この問題集』さっが宿題だ。来週までだぞ。必ずやってくるように。」と先生にいわれたが、**そんなこと**絶対にむりだ。

来週までに『この問題集』さっをやってくること。

24′ 「高山植物園にいかないか、あの山の上の。」と、ゆきお君にさそわれただけど、家から近いのに、ぼくは**そこ**にいったことがない。

あの山の上にある高山植物園。

25′ **多くの**植物は、葉や花を光の当たる方向に向けて伸ばしていきます。**これ**は、光のあたる部分が光に当たらない部分よりも、たけにがはやく成長するからです。

多くの植物が葉や花を光の当たる方向に向けて伸ばしていくこと。

三、書きぬき ②

26、かずひろ君は言った。「おれはプールがいいな。」「ぼくは野球がしたいな。」とすすむ君が言った。「おれはすもうがしたいな。」とたけお君も言った。うーん、**彼ら**の意見をまとめるのはむずかしい。家の中でもできることがいいな。

□□□□□□□ と □□□□□□□
と □□□□□□□ 。

27、じゃがいもとにんじんとたまねぎを買って、お肉やさんで牛肉と油を買って、後はカレー粉と小麦粉だけだな。**これら**が明日のキャンプのお昼ごはんになるんだ。

□□□□□□□ と □□□□□□□
□□□□□□□ と □□□□□ と □□□
□□□□□□□ と □□□□□□□ 。

28、「えーっと、教科書、ノート、ふでばこ、したじき、ちり紙、給食の道具、名ふだ、ぼうし。」私は前の晩に、**これら**を用意してから寝るようにしている。

□□□□□□□ と □□□□□□□ と
□□□□□□□ と □□□□□□□ と
□□□□□□□ と □□□□□□□ と
□□□□□□□ と □□□□□□□ と
□□□□□□□ 。

三、書きぬき ② 解答

26、かずひろ君は言った。「おれはプールがいいな。」「ぼくは野球がしたいな。」とすすむ君が言った。「おれも君も、うーん、**彼らの**意見をまとめるのは、家の中でできることがいいな。」とたけお君。

| か | ず | ひ | ろ | 君 | と | す | す | む | 君 |

| と | た | け | お | 君 | 。 |

27、じゃがいもとにんじんとたまねぎを買って、お肉やさんで牛肉と油を買って、後はカレー粉と小麦粉だな。**これら**が明日のキャンプのお昼ごはんになるんだ。

| じ | ゃ | が | い | も | と | に | ん | じ | ん | と |

| た | ま | ね | ぎ | と | 牛 | 肉 | と | 油 | と |

| カ | レ | ー | 粉 | と | 小 | 麦 | 粉 | 。 |

28、「えーっと、教科書、ノート、ふでばこ、したじき、ハンカチ、ちり紙、給食の道具、名ふだ、ぼうし」私は前の晩に、**これら**を用意してから寝るようにしている。

| 教 | 科 | 書 | と | ノ | ー | ト | と |

| ふ | で | ば | こ | と | し | た | じ | き | と |

| ハ | ン | カ | チ | と | ち | り | 紙 | と |

| 給 | 食 | の | 道 | 具 | と | 名 | ふ | だ | と |

| ぼ | う | し | 。 |

注…同じ字数の箇所は答えが入れ違っても間違いではないが、問題文に記述された順に書くのが自然。

三、書きぬき ②

29、「これは、「運命」という、ベートーベンが作った曲だよ。あまりにも有名だね。」

□□□□□□□ が作曲した

□□□□□ という曲。

30、「それをとってちょうだい。そう、電話の横の、そう、赤の、それそれ、そのそう。」

□□□□ においてある、

□□ 色の □□□□。

31、「そんなこと言ったって…。」勉強しなさいと言ったかと思うと、食事のしたくを手伝ってとか、部屋をかたづけなさいとか、いっぺんにできるわけないじゃないの。お母さんは、もう、かってなんだから。

□□□□□ が □□□□□□□□□

とか □□□□□□□□□□

□□□□ とか □□□□□□□□□□

□□□□ とか □□□□□□□□□ に言った。

32、「ここは本当にいいところだね。」と父は言った。夏には毎年来ているが、それでも北山は自然のすばらしい、いいところです。

□□□□□□□□

□□□□□□□□□ □□□。

三、書きぬき ② 解答

29、「これは、「運命」という、ベートーベンが作った曲だよ。あまりにも有名だね。」

| ベ | ー | ト | ー | ベ | ン |

が作曲した

| 「 | 運 | 命 | 」 |

という曲。

30、「それをとってちょうだい。そう、電話の横の、そう、赤の、それそれ、そのさいふ。」

| 電 | 話 | の | 横 |

においてある、

| 赤 |

色の

| さ | い | ふ |

。

31、「そんなこと言ったって…。」 勉強しなさいと言ったかと思うと、食事のしたくを手伝ってとか、部屋をかたづけなさいとか、いっぺんに言えるわけないじゃないの。お母さんはもう、かってなんだから。

| お | 母 | さ | ん |

が

| 勉 | 強 | し | な | さ | い |

とか

| 食 | 事 | の | し | た | く | を | 手 | 伝 |
| っ | て |

とか

| 部 | 屋 | を | か | た | づ | け |
| な | さ | い |

とか、いっぺんに言いたい。

32、「ここは本当にいいところだね。」と父は言った。夏には毎年来ているが、それでも北山は自然のすばらしい、いいところです。

| 夏 | に | は | 毎 | 年 | 来 | て | い | る |

| 自 | 然 | の | す | ば | ら | し | い | 北 | 山 |

。

(「指示語の特訓 下」につづく)

M.access（エム・アクセス）編集　認知工学発行の既刊本

★は最も適した時期
●はお勧めできる時期

サイパー® 思考力算数練習帳シリーズ

シリーズ・書名	内容	対象学年	小1	小2	小3	小4	小5	小6	受験
シリーズ1　文章題　たし算・ひき算1　新装版	たし算・ひき算の文章題を絵や図を使って練習します。ISBN978-4-86712-101-6　本体600円（税別）		★	●	●				
シリーズ2　文章題　比較・順序・線分図　新装版	数量の変化や比較の複雑な場合までを練習します。ISBN978-4-86712-102-3　本体600円（税別）			★	●	●			
シリーズ3　文章題　和差算・分配算　新装版	線分図の意味を理解し、自分で描く練習します。ISBN978-4-86712-103-0　本体600円（税別）				★	●	●	●	●
シリーズ4　文章題　たし算・ひき算2　新装版	シリーズ1の続編、たし算・ひき算の文章題。ISBN978-4-86712-104-7　本体600円（税別）		★	●	●				
シリーズ5　量　倍と単位あたり　新装版	倍と単位当たりの考え方を直感的に理解できます。ISBN978-4-86712-105-4　本体600円（税別）					★	●	●	
シリーズ6　文章題　どっかい算1　新装版	問題文を正確に読解することを練習します。整数範囲。ISBN978-4-86712-106-1　本体600円（税別）				●	●	●	●	●
シリーズ7　パズル　＋－×÷のパズル1　新装版片反	＋－×÷のみを使ったパズルで、思考力がつきます。ISBN978-4-86712-107-8　本体600円（税別）				●	●	●	●	●
シリーズ8　文章題　速さと旅人算　新装版	速さの意味を理解します。旅人算の基礎まで。ISBN978-4-86712-108-5　本体600円（税別）					●	●	●	●
シリーズ9　パズル　＋－×÷のパズル2	＋－×÷のみを使ったパズル。シリーズ7の続編。ISBN978-4-901705-08-0　本体500円（税別）				●	●	●	●	●
シリーズ10　倍から割合へ　売買算　新装版	倍と割合が同じ意味であることで理解を深めます。ISBN978-4-86712-110-8　本体600円（税別）					●	★	●	●
シリーズ11　文章題　つるかめ算・差集め算の考え方　新装版	差の変化に着目して意味を理解します。整数範囲。ISBN978-4-86712-111-5　本体600円（税別）				●	●	●	●	●
シリーズ12　文章題　周期算　新装版	わり算の意味と周期の関係を深く理解します。整数範囲。ISBN978-4-86712-112-2　本体500円（税別）				●	●	●	●	●
シリーズ13　図形　点描写1　新装版　立方体など	点描写を通じて立体感覚・集中力・短期記憶を訓練。ISBN978-4-86712-113-9　本体600円（税別）	★	★	★	●	●	●	●	
シリーズ14　パズル　素因数パズル　新装版	素因数分解をパズルで楽しみながら理解します。ISBN978-4-86712-114-6　本体600円（税別）					●	●	●	●
シリーズ15　文章題　方陣算1	中空方陣・中実方陣の意味から基礎問題まで。整数範囲。ISBN978-4-901705-14-1　本体500円（税別）				●	●	●	●	●
シリーズ16　文章題　方陣算2	過不足を考える。2列3列の中空方陣。整数範囲。ISBN978-4-901705-15-8　本体500円（税別）				●	●	●	●	●
シリーズ17　図形　点描写2　新装版　線対称	点描写を通じて線対称・集中力・図形センスを訓練。ISBN978-4-86712-117-7　本体600円（税別）		★	★	★	●	●	●	
シリーズ18　図形　点描写3　新装版　点対称	点描写を通じて点対称・集中力・図形センスを訓練。ISBN978-4-86712-118-4　本体600円（税別）		●	★	★	●	●	●	
シリーズ19　パズル　四角わけパズル　初級	面積と約数の感覚を鍛えるパズル。九九の範囲で解ける。ISBN978-4-901705-18-9　本体500円（税別）			★	●	●	●	●	●
シリーズ20　パズル　四角わけパズル　中級	2桁×1桁の掛け算で解ける。8×8～16×16のマスまで。ISBN978-4-901705-19-6　本体500円（税別）				★	●	●	●	●
シリーズ21　パズル　四角わけパズル　上級	10×10～16×16のマスまでのサイズです。ISBN978-4-901705-20-2　本体500円（税別）				●	●	●	●	●
シリーズ22　作業　暗号パズル	暗号のルールを正確に実行することで作業性を高めます。ISBN978-4-901705-21-9　本体500円（税別）					★	●	●	●
シリーズ23　場合の数1　書き上げて解く順列　新装版	場合の数の順列を順序よく書き上げて作業性を高めます。ISBN978-4-86712-123-8　本体600円（税別）					●	★	★	●
シリーズ24　場合の数2　書き上げて解く組み合わせ　新装版	場合の数の組み合わせを書き上げて作業性を高めます。ISBN978-4-86712-124-5　本体600円（税別）					●	★	★	●
シリーズ25　パズル　ビルディングパズル　初級	階数の異なるビルを当てはめる。立体感覚と思考力を育成。ISBN978-4-901705-24-0　本体500円（税別）		●	★	★	★	●	●	
シリーズ26　パズル　ビルディングパズル　中級	ビルの入るマスは5行5列。立体感覚と思考力を育成。ISBN978-4-901705-25-7　本体500円（税別）				●	★	●	●	
シリーズ27　パズル　ビルディングパズル　上級	ビルの入るマスは6行6列。大人でも十分楽しめます。ISBN978-4-901705-26-4　本体500円（税別）					●	●	●	★
シリーズ28　文章題　植木算　新装版	植木算の考え方を基礎から学びます。整数範囲。ISBN978-4-86712-128-3　本体600円（税別）				★	●	●	●	
シリーズ29　文章題　等差数列　上　新装版	等差数列を基礎から理解できます。3桁÷2桁の計算あり。ISBN978-4-86712-129-0　本体600円（税別）					●	●	●	
シリーズ30　文章題　等差数列　下	整数の性質・規則性の理解もできます。3桁÷2桁の計算。ISBN978-4-901705-29-5　本体500円（税別）					●	●	●	
シリーズ31　文章題　まんじゅう算	まんじゅう1個の重さを求める感覚。小学生のための方程式。ISBN978-4-901705-30-1　本体500円（税別）					●	★	★	●
シリーズ32　単位　単位の換算　上　新装版	長さ等の単位の換算を基礎から徹底的に学習します。ISBN978-4-86712-132-0　本体600円（税別）				★	●	●	●	

サイパー®シリーズ：日本を知る社会・仕組みが分かる理科		対象年齢
社会シリーズ1 日本史人名一問一答 新装版	難関中学受験向けの問題集。506問のすべてに選択肢つき。 ISBN978-4-86712-031-6 本体600円（税別）	小6以上 中学生も可
理科シリーズ1 電気の特訓 新装版	水路のイメージから電気回路の仕組みを理解します。 ISBN978-4-86712-001-9 本体600円（税別）	小6以上 中学生も可
理科シリーズ2 てこの基礎 上 新装版	支点・力点・作用点から　重さのあるてこのつり合いまで。 ISBN978-4-86712-002-6 本体600円（税別）	小6以上 中学生も可
理科シリーズ3 てこの基礎 下	上下の力のつり合い、4つ以上の力のつりあい、比で解くなど。 ISBN978-4-901705-82-0 本体500円（税別）	小6以上 中学生も可
学習能力育成シリーズ		対象年齢
新・中学受験は自宅でできる -学習塾とうまくつきあう法-	塾の長所短所、教え込むことの弊害、学習能力の伸ばし方 ISBN978-4-901705-92-9 本体800円（税別）	保護者
中学受験は自宅でできるⅡ お母さんが高める子どもの能力	栄養・睡眠・遊び・しつけと学習能力の関係を説明 ISBN978-4-901705-98-1 本体500円（税別）	保護者
中学受験は自宅でできるⅢ マインドフルネス学習法	マインドフルネスの成り立ちから学習への応用をわかりやすく説明 ISBN978-4-901705-99-8 本体500円（税別）	保護者
認知工学の新書シリーズ		対象年齢
講師の ひとり思う事　独断	「進学塾不要論」の著者・水島酔の日々のエッセイ集 ISBN978-4-901705-94-3 本体1000円（税別）	一般成人

書籍等の内容に関するお問い合わせは　㈱認知工学　まで
直接のご注文で5,000円（税別）未満の場合は、送料等800円がかかります。
TEL：075-256-7723（平日10時〜16時）　FAX：075-256-7724　email：ninchi@sch.jp
〒604-8155 京都市中京区錦小路通烏丸西入る占出山町308 ヤマチュウビル5F

M.access（エム・アクセス）の通信指導と教室指導

M.access（エム・アクセス）は、㈱認知工学の教育部門です。ご興味のある方はご請求下さい。お名前、ご住所、電話番号等のご連絡先を明記の上、FAXまたはe-mailにて、資料請求をしてください。e-mailの件名には「資料請求」と表示してください。教室は京都市本社所在地（上記）のみです。

　　FAX 075-256-7724　　　TEL 075-256-7739（平日10時〜16時）
　　e-mail：maccess@sch.jp　　HP：http://maccess.sch.jp

直販限定書籍、CD 以下の商品は学参店のみでの販売です。一般書店ではご注文になれません。 CDについてはデータ配信もしております。アマゾン・iTuneStoreでお求めください。		
直販限定商品	内　　容	本体／税別
超・植木算1 難関中学向け	植木算の超難問に、細かいステップを踏んだ説明と解説をつけました。小学高学年向き。問題・解説合わせて74頁。自学自習教材です。	2220円
超・植木算2 難関中学向け	植木算の超難問に、細かいステップを踏んだ説明と解説をつけました。小学高学年向き。問題・解説合わせて117頁。自学自習教材です。	3510円
読解力α 中高生向け	好評「どっかい算」「どっかい算2」の続編。漢字、言葉の使い方などを中高生以上に想定。既刊「どっかい算」との共通問題が70題、新たに作成したハイレベルの問題が20題。	700円
日本史人物180撰 音楽CD	歴史上の180人の人物名を覚えます。その関連事項を聞いたあとに人物名を答える形式で歌っています。ラップ調です。　約52分	1500円
日本地理「川と平野」 音楽CD	全国の主な川と平野を聞きなれたメロディーに乗せて歌っています。カラオケで答の部分が言えるかどうかでチェックできます。　約45分	1500円
九九セット 音楽CD	たし算とひき算をかけ算九九と同じように歌で覚えます。基礎計算を速くするための方法です。かけ算九九の歌も入っています。カラオケ付き。約30分	1500円
約数特訓の歌 音楽CD データ配信のみ	1〜100までと360の約数を全て歌で覚えます。6は1かけ6、2かけ3と歌っています。ラップ調の歌です。カラオケ付き。　約35分	配信先参照

　　　学参書店（http://gakusanshoten.jpn.org/）のみ限定販売　　3000円（税別）未満は送料800円
　　　　　認知工学（http://ninchi.sch.jp）にてサンプルの試読、CDの試聴ができます。

2025．7.25